农村初中新任英语教师学科教学知识发展研究

骆凤娟 莫海文 著

·广州·

图书在版编目（CIP）数据

农村初中新任英语教师学科教学知识发展研究/骆凤娟，莫海文著. —广州：华南理工大学出版社，2019.12

ISBN 978-7-5623-6162-6

Ⅰ. ①农… Ⅱ. ①骆… ②莫… Ⅲ. ①英语-中学教师-师资培养-研究-初中 Ⅳ. ①G633.412

中国版本图书馆CIP数据核字（2019）第248431号

NONGCUN CHUZHONG XINREN YINGYU JIAOSHI XUEKE JIAOXUE ZHISHI FAZHAN YANJIU

农村初中新任英语教师学科教学知识发展研究

骆凤娟 莫海文 著

出 版 人：卢家明
出版发行：华南理工大学出版社
（广州五山华南理工大学17号楼，邮编510640）
http://www.scutpress.com.cn　E-mail：scutc13@scut.edu.cn
营销部电话：020-87113487　87111048（传真）
策划编辑：梁玉琪　庄　严
责任编辑：梁玉琪　李秋云
印 刷 者：虎彩印艺股份有限公司
开　　本：787 mm×960 mm　1/16　印张：10　字数：196千
版　　次：2019年12月第1版　2019年12月第1次印刷
定　　价：38.00元

版权所有　盗版必究　印装差错　负责调换

前　言

　　《中国农村教育发展报告 2017》中的数据表明，我国大部分初中生在农村中学接受教育，尽管近年来农村中学的办学条件不断改善，但城乡教育差距依然较大，基础教育发展不均衡。农村教育相对于城市教育而言较为落后，教师专业水平不高是农村中学教育发展的瓶颈问题。新一轮的教育改革对教师提出了更高的要求，然而作为农村基础英语教育的新生力量，很多农村初中新任英语教师无法适应新时代基础教育发展的需求，专业能力亟待提升。提高农村初中新任英语教师素养成为我国基础英语教育改革的一项重要任务。

　　基于对我国基础英语教育改革现实问题的回应，本书以广西部分农村初中为例，开展农村初中新任英语教师学科教学知识发展策略研究，以更好地促进农村初中新任英语教师专业素养的提高。问卷从英语学科知识、关于学生的知识、教学情境知识和英语教学策略的知识等四个维度调查了广西壮族自治区 109 名农村初中新任英语教师学科教学知识的发展情况。在问卷调查之后，笔者观察了 4 位农村新任英语教师的授课，访谈了 3 位教师。调查结果显示，农村初中新任英语教师的学科教学知识发展水平不尽如人意，存在许多问题。在英语学科知识方面，不少农村初中新任英语教师虽然意识到英语具有工具性和人文性的双重性质，但在实际的课堂教学中没能体现出对文化知识的介绍及渗透；平时阅读英语专业书籍、英语教学研究杂志较少，缺乏教学理论知识；对中小学英语教学研究前沿和发展动态了解甚少。在关于学生的知识方面，很多农村初中新任英语教师不能预知初中生易出现的英语错误；理论上依所教学生的现有水平进行教学，但实际对英语学习策略的认识不足，无法针对学生的个体差异因材施教。在教学情境的知识方面，有些教师没有很好地利用班级文化建设来营造学习英语的氛围；在实际英语课堂教学中未能很好地创设真实的语言语境，多用汉语组织教学；无法有效组织学生通过观察、体验、探究等方法构建知识体系；很少组织学生开展英语课外活动。在英语教学策略的知识方面，很多教师缺乏教学组织策略知识；评估学生学习效果的手段比较单一；语言技能教学策略知识和语言知识教学策略知识多属于理论层面，难以将理论落实到实际教学中。农村初中新任英语教师刚从大学毕业，所学的英语专业知识和所掌握的教学技能还难以自如应对复杂、繁重的基础英语教学工作。

学科教学知识是教师在具体的教学过程中，通过不断实践与反思逐渐建构起来的。基于对教师学科教学知识的探讨，结合本研究的调查结果和发现的问题，综合农村初中新任英语教师学科教学知识发展的愿望，本书提出以下策略和建议：优化农村中学教学资源配置，完善教师发展机制；提高农村初中新任英语教师自我发展意识与能力，将理论与实践相结合；坚持以学生为中心的教学模式，提升语言教学技能，丰富农村初中新任英语教师学科教学知识中关于学生的知识；发挥专家引领作用，通过实践反思，解决英语教学中的问题，实现农村初中新任英语教师学科教学知识的发展与提升；倡导农村初中新任英语教师留城培育，促进城市优质学校对农村薄弱学校的帮扶与协作，提升农村初中英语师资队伍水平。

目　录

绪论 ·· 1
　一、研究背景 ··· 1
　二、相关概念的界定 ·· 3
　三、文献综述 ··· 4
　四、理论基础 ·· 11
　五、研究的目的与意义 ·· 15
　六、研究的思路与方法 ·· 16
　七、研究内容及创新之处 ··· 17

第一章　英语教师学科教学知识内涵的解读 ······························· 19
　一、学科教学知识内涵的解读 ··· 19
　二、英语教师学科教学知识的内涵及结构 ···································· 23

第二章　农村初中新任英语教师学科教学知识发展现状调查 ·········· 27
　一、调查问卷设计依据 ·· 27
　二、调查问卷的构成 ··· 30
　三、调查对象 ·· 31
　四、问卷调查实施 ·· 32
　五、调查问卷的信度和效度检验 ·· 32
　六、课堂观察及访谈实施过程 ··· 34

第三章　农村初中新任英语教师学科教学知识发展调查结果与分析
　··· 35
　一、研究对象的基本情况分析 ··· 35
　二、农村初中新任英语教师学科教学知识整体情况分析 ·················· 36
　三、农村初中新任英语教师学科教学知识维度分析 ························ 37
　四、农村初中新任英语教师学科教学知识发展的制约因素 ··············· 57

第四章　农村初中新任英语教师学科教学知识发展策略 …………… 62
　　一、优化农村中学教学资源配置，完善新任教师发展机制 ………… 63
　　二、关注农村新任英语教师成长，提高教师自我发展能力 ………… 64
　　三、坚持课堂教学以学生为中心，提升教师语言教学技能 ………… 65
　　四、发挥专家引领作用，促进教师学科教学知识构建 ……………… 67
　　五、倡导农村教师留城培育，促进教师专业快速发展 ……………… 70

结语 ……………………………………………………………………… 73

附录一　农村初中新任英语教师学科教学知识发展调查问卷 ……… 75

附录二　教师访谈提纲 ………………………………………………… 79

附录三　中学英语教研论文 …………………………………………… 80

参考文献 ………………………………………………………………… 144

绪　　论

一、研究背景

（一）农村教育质量需提高，农村初中教师发展困难

《中国农村教育发展报告 2017》中的数据表明，2016 年我国义务教育阶段在校生约 1.42 亿人，其中城区 4756.60 万人、镇区 5927.01 万人、乡村 3558.77 万人，农村在校生人数占全国在校生总数的 2/3。分学段看，农村普通初中在校生 4329.37 万人，占全国初中在校生总数的 65.60%。① 我国大部分初中生在农村中学，尽管近年来农村中学的办学条件不断改善，但城乡教育差距较大，基础教育发展不均衡，农村中学在师资建设、教学设备及教学改革等方面还存在诸多亟待解决的问题。农村教育相对于城市教育而言较为落后，师资力量较为薄弱，教师发展受到诸多因素的制约。农村教师学历相对较低，教师专业水平不高，对学科知识理解不深，教学知识水平有待提升。农村中学中有很多学生学习不够努力，有些初中生甚至未毕业就辍学外出打工，这种不尚学的环境影响了农村中学教师队伍的稳定，也加大了教师专业水平发展的难度。农村教师的专业水平直接影响农村教育质量的提高，农村中学教育改革势在必行。为更好地促进农村学校教师专业水平的发展，2015 年国务院办公厅印发《乡村教师支持计划（2015—2020 年）》，要求全面提升乡村教师能力素质。"当代教育变革需要一支新型的教师队伍，这已经成为所有主张教育改革者的共识"②。农村振兴，必兴教育，而教师

---

① 邬志辉. 中国农村教育发展报告 2017 发布 [EB/OL]. [2017-12-23]. http://www.jyb.cn/zcg/xwy/wzxw/201712/t20171223_900288.html.

② 叶澜. 新基础教育：论关于当代中国学校变革的探究和认识 [M]. 北京：教育科学出版社，2006：30.

队伍建设是农村教育振兴的基石。① 农村教师专业发展问题成为国家教育发展急需解决的问题。

（二）我国基础教育改革对初中英语教师提出了新的要求

2011年，教育部颁布的《义务教育英语课程标准（2011年版）》强调，提高英语教师的专业化水平是有效实施英语课程的关键，要求英语教师在实践和反思中提高自身的专业素养，更新自身学科专业知识。② 初中是英语教学的基础阶段，初中英语教师专业水平的发展至关重要，直接影响着教师专业素养的提高、基础英语教学质量的提升和英语课程标准的全面实施。2012年，教育部颁布的《中学教师专业标准（试行）》将学科教学知识纳入了教师专业知识范围，作为教师专业知识的重要组成部分。2014年，教育部印发《关于全面深化课程改革落实立德树人根本任务的意见》，明确提出全面深化课程改革，落实立德树人根本任务，将构建学生核心素养体系作为推进课程改革深化发展的关键环节，强化教师育人能力的培养。③ 新一轮的教育改革对教师提出了更高的要求。然而作为农村基础英语教育的新生力量，很多农村初中新任英语教师无法适应新时代基础教育发展的需求，专业能力亟待提升。

（三）农村初中新任英语教师专业素养有待提高

英语教师扎实的专业知识和素养是高质量英语教学的保障，农村初中新任英语教师专业素养不高制约当地英语教学质量的提高。农村初中新任英语教师初入职场，对教师职业认识模糊，心理上未做好充分的准备，面对不理想的工作环境，容易产生紧张、焦虑的情绪，对职业发展感到迷茫。虽然经过职前教育掌握了一定的英语专业知识和语言教学理论，但是在实际语言教学中未能将所学的理论知识与英语教学有效地结合。不少农村初中新任英语教师由于缺乏名师引导，不能有效地开展各项英语教学活动，理论与实践割裂的现实令他们对英语教学倍感困惑。一些农村初中新任英语教师缺乏英语教学实践的经验，过多关注自己是否教授了相关的英语知识，至于教学的重

---

① 程方平. 教师保障：乡村教育振兴的基石 [J]. 教育研究，2018 (7): 84 - 86.
② 中华人民共和国教育部. 义务教育英语课程标准（2011年版）[S]. 北京：北京师范大学出版社，2012.
③ 中华人民共和国教育部. 教育部关于全面深化课程改革落实立德树人根本任务的意见 [EB/OL]. (2014 - 03 - 30) [2014 - 04 - 08]. http://www.moe.gov.cn/srcsite/A26/jcj_kcjcgh/201404/t20140408_167226.html.

点、难点及学生是否真正掌握了知识则常常无法顾及,导致教学效果不理想。许多农村初中新任英语教师对初中英语教材了解不深,对知识呈现的形式与技巧把握不足,对英语课程标准的新要求缺乏深刻的理解,整体专业素养有待提高,未能适应新一轮基础英语教育改革发展的需要。提高农村初中新任英语教师素养成为我国基础英语教育改革的一项重要任务。基于对我国基础英语教育改革现实问题的回应,本书以广西部分农村初中为例,开展农村初中新任英语教师学科教学知识发展研究,以更好地促进农村初中新任英语教师专业素养的提高,提升农村初中英语的教学质量。

二、相关概念的界定

(一)学科教学知识

学科教学知识最早由美国教育家舒尔曼(Shulman)于1987年提出,是学科知识和教学知识的交融。[①] 其实,教学是一个创造性的过程。教学过程中,教师要对学科知识进行筛选与重新解构,根据学生的具体发展需求,运用教学策略,合理设计教学,将学科知识转化为学生可以理解的知识。教师的学科教学知识受到具体情境及社会文化因素的影响,是有效教授一门学科所必须具备的知识,"是一种融合学科知识和教学知识为一体的特殊教师知识与能力"[②]。

(二)农村初中

"农村"不仅是指一个地域概念,也是一个经济概念,表明的是一种不同于城市的经济活动方式,是与"农业"相联系但并不相等的概念。[③] "农村"是农业生产直接联系的社会区域,是与城市相对应的概念。随着经济的发展,如今农村已经发生了巨大的变化,集镇成为农村的经济文化中心,农村已经形成以集镇为中心的乡镇社会模式。近年来国家注重促进义务教育均衡发展,大力支持农村学校建设,农村学校教学条件得到了很大的改善。本书中的"农村初中"就是指以来自农村的学生为教育对象并为当地经济和社

[①] SHULMAN L S. Knowledge and teaching: foundations of the new reform [J]. Harvard Educational Review, 1987, 57 (1): 1-22.

[②] 韩刚. 英语教师学科教学知识的建构 [M]. 上海:上海外语教育出版社, 2011.

[③] 周沛. 农村社会发展论 [M]. 南京:南京大学出版社, 1998.

会发展服务的初级中学,这些学校大多位于乡镇政府所在地的集镇或村庄。

(三) 新任教师

新任教师(novice teacher or beginning teacher),通常又被称为新教师、新入职教师或新手教师等。他们已经完成了系统的教师职前教育,但还缺乏教学实践的经验。不同专家对"新任教师"有着不同的理解。有的学者认为新任教师一般指从事教学工作年限不足 3 年的教师①;有的专家认为新任教师主要指"有师范教育背景,从事教学工作 1—2 年,缺乏足够教育教学经验和教师职业认同的初始教师"②。在美国,新任教师指的是完成了所有职前培训课程(包括实习),得到临时教师资格证书,受到某所学校聘用,担负起与老教师大致相同的教学责任,处于正式教学的第一年的教师。③ 也有不少研究者以 5 年的专业年限来界定新任教师,如刘素玲在其博士论文中将初任教师定义为"已经获得相应学科的国家教师资格证,首次进入教师群体,教学年限不超过 5 年的专门的科任教师"④。国内外专家和研究者对新任教师有不同的界定,新任教师的工作年限为 1—5 年。本书中的初中新任英语教师指的是完成了职前教育培养课程和教育实习,并获得教师资格证书,且已经走上教育教学工作岗位,专门从事初中英语学科教学的有 5 年及 5 年以内教龄的教师。

三、文献综述

(一) 教师学科教学知识发展的研究

1. 国外关于教师学科教学知识发展的研究

国外研究者对职前教师学科教学知识的研究主要集中在分析职前教育课程对他们学科教学知识发展的影响。Crossman 将 3 名接受过职前培训和 3 名未接受过职前培训的新任英语教师进行对比研究,发现教学专业课程对新任

---

① 胡森. 国际教育百科全书:第 5 卷 [M]. 贵阳:贵州教育出版社,1990.
② 段冰,施春阳. 新教师成长研究综述 [J]. 天津师范大学学报(基础教育版),2007 (4):13 - 16,64.
③ 谌启标. 美国新任教师的入门指导计划 [J]. 外国中小学教育,2006 (1):43 - 45,42.
④ 刘素玲. 初任教师的专业自主研究 [D]. 上海:华东师范大学,2019.

教师学习和发展教学知识有帮助。① Jones 和 Vesilind 研究了 26 名大学四年级的职前教师在教学知识方面的变化,发现职前教师在教学实习中期开始重新建构他们的教学知识,主要体现在灵活性和计划性方面;职前教师将变化主要归因于教学实习中的师生互动和学生间的互动,而不是大学里学习的课程或实习学校指导教师的影响。② Van Driel, De Jong 和 Verloop 用问卷、访谈和工作坊录音的方式收集数据,对 12 名研究生的职前化学教师学科教学知识增长进行研究,发现教学实习经历、工作坊录音对职前教师学科教学知识增长起着重要作用;其中一部分学生还谈到与指导教师的交流也发挥着重要的作用。③ Beyer 和 Davis 研究了在一门科学方法课程中帮助学生批判和调整课程材料的教学内容对 24 名职前小学教师学科教学知识的影响,研究者给职前教师提供支架以帮助他们分析课程教师提供的教案以及他们自己的教案,通过前测和后测、教案分析作业以及反思性教学作业三种数据收集方式,发现这些职前教师关于科学评价、课程材料以及教学策略方面的学科教学知识有明显增长。④

有些研究者以在职教师为研究对象,研究他们学科教学知识的发展。Feiman-Nemser 和 Parker 研究了 4 名新任教师和他们的指导教师,发现指导教师对学科知识的直接讲解有助于新任教师加深对学科的理解,帮助新任教师学会如何从学生的角度思考学科内容,如何用恰当的方式表征学科知识,以及如何更好地组织学生学习。⑤ Henze, Driel 和 Verloop 研究了 9 名有经验的教师在讲授一门新课的过程中学科教学知识的发展,发现有经验的教师阐明专业知识并与同事或职前教师分享是职业发展最重要的途径。⑥ Falk 通过

---

① CROSSMAN P L. A study in contrast: sources of pedagogical content knowledge for secondary English teachers [J]. Journal Teacher Education, 1988, 40 (5): 24 – 31.

② JONES M G, VESSILIND E M. Putting practice into theory: changes in the organization of preservice teachers' pedagogical knowledge [J]. American Educational Research Journal, 1996, 33 (1): 91 – 117.

③ VAN DRIEL J H, DE JONG, VERLOOP N. The development of preservice chemistry teachers' pedagogical content knowledge [J]. Science Education, 2002, 86 (4): 572 – 590.

④ BEYER C J, DAVIS E A. Learning to critique and cdapt science curriculum materials: examing the development of preservice elementary teachers' pedagogical content knowledge [J]. Science Education, 2012, 96 (1): 130 – 157.

⑤ FEIMAN-NEMSER S, PARKER M B. Making subject matter part of the conversation in learning to teaching [J]. Journal of teacher education, 1990, 41 (3): 32 – 43.

⑥ HENZE I J, VAN DRIEL, VERLOOP N. Development of experienced science teachers' pedagogical content knowledge of models of the solar system and the universe [J]. International journal of science education, 2008, 30 (10): 1321 – 1342.

研究小学科学教师的形成性评价实践与他们学科教学知识之间的相互关系，发现形成性评价为教师运用、整合和形成学科教学知识提供了一个良好的机会；科学教师形成性评价实践行为的知识来源于他们的学科教学知识以及其频繁地运用教学策略知识和课程知识；教师在形成性评价的过程中建立并完善关于课程目标和学生理解方面的知识，从而建构自己的学科教学知识。①

从上述国外专家和研究者的研究中不难看出，职前教师学科教学知识主要来源于大学期间学习的教学专业课程以及教育实习等；在职教师的学科教学知识主要来源于向有经验的教师学习和教师的形成性评价等。研究者关注到了学科教学知识发展的各种来源，不同研究者研究的对象、学科、地域、学校等方面有差异，使学科教学知识呈现出一个动态的发展过程，因此研究者针对不同来源对学科教学知识发展的影响程度得出了不同的结论。

2. 国内关于教师学科教学知识发展的研究

笔者以"学科教学知识发展"为主题，通过中国知网数据库进行搜索，搜索到984篇相关文献。对职前教师和在职教师学科教学知识的发展这两个不同的发展阶段进行有针对性的研究，是一种常见的思路。

有些研究者对职前教师学科教学知识的发展进行研究。唐泽静、陈旭远认为，职前教育应该建设实践型的师范教育，必须在实践中寻求师范和学术间的统一；师范教育不但要求培养目标回归师范性，而且课程设置也要加强实践知识的建构与积累。② 梁永平也认为只有通过教学实践，才能将学科知识由学术形态转化为属于教师个体的具有可教性的学科知识形态。他指出职前教师学科教学知识发展的实践路径主要有：以学科教学论为关键课程发展学科教学知识，通过教学见习获得学科教学知识，通过真实情境下的教学实习建构学科教学知识。③ 许婕运用文献研究法、案例研究法和课堂观察法来研究职前教师学科教学知识的提升途径，认为职前教师应多听优秀教师的课，在实习教学中注意优化教学设计思路，通过教学反思促进个人学科教学知识发展。④ 钱海锋、姜涛分析了职前教师学科教学知识发展的影响因素，

---

① FALK A. Teachers learning from professional development in elementary science: reciprocal relations between formative assessment and pedagogical content knowledge [J]. Science Education, 2012, 96 (2): 265-290.

② 唐泽静，陈旭远. 学科教学知识视域中的教师专业发展 [J]. 东北师大学报（哲学社会科学版），2010 (5): 172-177.

③ 梁永平. 职前教师学科教学知识发展的理论与实践路径 [J]. 课程·教材·教法，2013, 33 (1): 106-112.

④ 许婕. 地理职前教师PCK的提升途径研究 [D]. 福州：福建师范大学，2014.

认为影响职前教师学科教学知识发展的因素是一个由主体、行动学习、社会介入和关于特定主题教学策略四个要素组成的系统,他们提出了一个以个体自主构建为基础的职前教师学科教学知识发展模式——"四环模式",即自我指导式的发展、同侪合作式的发展、以任务为导向的群体式的发展、专家督导式的发展。① 赵晓光在谈到职前教师如何生成学科教学知识时指出,教师先在校内试讲磨课,大致掌握基本的教学要件和学科知识的教育学形态,然后通过教育见习观摩其他教师的教学方式,修正和完善自身学科教学知识的结构,再通过教育实习,对于学生的对象知识有更好的情境化理解,研磨出适合自己的教学规程,最终以教学反思和教学研讨形成自身最好水平的学科教学知识。②

有些研究者研究了在职教师学科教学知识的发展。刘清华指出教师发展学科教学知识的来源很多,按照来源的重要性分为最重要的来源、重要的来源和一般的来源三个层次;教师自身的教学经验和反思以及与同事的日常交流是教师学科教学知识发展的最重要来源;作为学生时的经验、有组织的专业活动、教科书与教学参考书、在职培训和阅读专业书刊等几个方面是学科教学知识发展的重要来源;职前知识是学科教学知识的一般来源。③ 朱晓民研究发现,不同来源对教学知识发展的重要性不同:自身的教学经验与反思是教师关于语文课程与教材知识最重要的来源;同事互相听课、自身的教学经验与反思是教师获得语文教学方法知识的重要来源;自身的教学经验与反思、同事互相听课和有组织的专业活动是语文表征知识的最重要来源;对于每一种知识而言,不同教龄的教师其知识来源又存在差异。④ 范良火以美国芝加哥三所优秀高中的 77 名数学教师为研究对象,通过问卷调查、课堂听课和面谈的方式来研究数学教师知识的来源,指出教师自身的教学经验和反思以及同事之间的日常交流是发展教师学科教学知识最重要的来源;在职培训和有组织的专业活动是相对重要的来源;作为学生时期的经验、职前培训和阅读专业书刊则是最不重要的来源。⑤

综上所述,从国内关于教师学科教学知识发展的研究可以看出,有些研

---

① 钱海锋,姜涛. 职前教师学科教学知识发展:一种系统的视角 [J]. 教育评论,2016 (6):122 – 126.

② 赵晓光. 教师如何生成学科教学知识 [N]. 中国教育报,2018 – 06 – 28 (007).

③ 刘清华. 学科教学知识的发展之源 [J]. 天中学刊,2005 (1):131 – 133.

④ 朱晓民. 语文教师教学知识发展研究 [M]. 北京:教育科学出版社,2010.

⑤ 范良火. 教师教学知识发展研究 [M]. 2 版. 上海:华东师范大学出版社,2013.

究者为了促进教师学科教学知识的发展，对研究对象进行干预，为参与研究的教师提供了一个通过将内化知识外显化从而发展自己的学科教学知识的机会。还有些研究者探讨教师的学科教学知识在自然状态下的发展过程，通过对教师进行长期的跟踪或让教师讲述自己的发展过程，以及采用问卷调查和课堂观察等多种方式进行研究，发现教师学科教学知识的发展是多种因素相互作用的结果，其来源主要分为三个阶段：教师作为学生时的经历、职前培训、在职经验，这三个阶段比较完整地反映了教师学科教学知识发展的整个过程。加强职前教育实践性、加强自身教学经验和进行教学反思是多数研究者认可的学科教学知识发展最重要的来源，同事交流合作与分享、在职培训的内容和方式、阅读专业书籍、教师的教学信念也影响着学科教学知识的发展。

（二）英语教师学科教学知识发展的研究

关于英语教师学科教学知识在国内的研究情况，通过中国知网数据库以"英语教师学科教学知识发展"为主题进行搜索，可以搜索到118篇相关文献，包括83篇硕博士论文。通过对文献资料的分析和归纳，总结出国内学者主要从以下几个方面对英语教师学科教学知识发展进行探讨研究。

1. 有关职前英语教师学科教学知识发展的研究

魏倩倩以某二本院校英语教育专业大三、大四的师范生为研究对象，通过问卷调查和SPSS19.0软件进行描述统计，根据Cochran对学科教学知识的分类，从学科内容知识、教学法知识、教学情景知识和学生知识四个维度[①]，揭示职前英语教师学科教学知识现状及存在的问题，提出职前英语教师学科教学知识发展的四条建议：加强英语基础知识和语言运用技能的培养；注重英语国家社会文化知识的渗透；增强教学理论与实践的联系；强化实践教学，提高教学实践能力。[②] 黄启发针对职前英语教师学科教学知识建构效能的六个影响因子，给出实现学科教学知识高效能建构的六个相应策略：为夯实学科教学知识建构意识形态，需提高职前英语教师专业认知；为扩大职前教师学科教学知识建构空间，需增加教师教育类课程量；增加实践性课程的分量，延长职前教师的实践训练时间；改进教师教育者的教学方法，提升教

---

① COCHRAN K F, DERUTTEER J A, KING R A. Pedagogical content knowing: an intergrative model for teacher preparation [J]. Journal of teacher education, 1993, 44 (4): 263 – 271.

② 魏倩倩. 职前英语教师PCK现状与发展对策研究 [J]. 语文学刊（外语教育教学），2015 (10): 93 – 94, 144.

育者的榜样影响力；培养职前英语教师的反思意识，提高其发现问题、分析问题和解决问题的能力；运用学习策略理论指导学科教学知识建构，进一步提高学科教学知识建构效能。① 这些研究给职前英语教师教育提供了有价值的参考。

2. 关于在职英语教师学科教学知识发展的研究

朱晓燕对4位初中新任英语教师进行了3年的跟踪研究，发现教师的学科教学知识与他们的工作环境有很大关系；校内以及校际间的在职学习活动，如示范课、教学比赛、师徒制、观课、评课等，对教师学科教学知识的发展起到重要的作用。② 南华、徐学福认为新任英语教师应建构具有个体性、生成性、情境性等多元特征的学科教学知识，并运用到教学实践中去，通过专家引领、英语教师个体知识构建、英语教学实践与反思以及英语教师学习共同体的协作，发展新手英语教师的学科教学知识。③ 李艳认为初任英语教师学科教学知识的建构需要教师自身的努力以及外在环境的支持；从教师自身来说，要有明确的定位与规划，经常进行互动性教学反思，转变自身教学理念；从外部环境来看，职前教育阶段要合理设置师范生的教育课程，职后阶段需要重视教师的在职培训，加强经验型教师与初任教师之间的沟通与合作。④ 刘彩艳以宁夏初中英语特岗教师为研究对象，认为出现初中英语特岗教师学科教学知识构成问题的主要原因包括：职前教育课程设置重学科知识和公共教育理论知识，轻教学知识和英语教学专业技能知识；轻学业评价，重专业知识水平测试，轻教学实践能力测试；教学实践机会少、时间短；学校管理者思想具有局限性；学校提供外出学习机会相对少；教师自身受传统教学观念影响，形成定式教学思维；自主阅读意识薄弱；缺乏教学反思能力等。⑤ 这些研究为新任教师的发展提供了有价值的建议，有利于提升他们的专业水平和从教能力。

姜艳丽以个案研究的方式研究一位高中英语教师，通过课堂观察和访谈

---

① 黄启发. 职前英语教师PCK建构效能：影响因子及应对策略 [J]. 梧州学院学报，2015，25（5）：97-102.

② 朱晓燕. 中学英语新教师学科教学知识的发展 [M]. 南京：南京师范大学出版社，2004.

③ 南华，徐学福. 从实然走向应然：新手外语教师学科教学知识建构 [J]. 黑龙江高教研究，2014（03）：63-65.

④ 李艳. 初中初任英语教师学科教学知识的个案研究 [D]. 重庆：西南大学，2016.

⑤ 刘彩艳. 初中新手英语教师PCK现状及发展研究 [D]. 银川：宁夏大学，2016.

分析该教师学科教学知识现状，挖掘和剖析影响其形成的因素，并在此基础上提出发展高中英语学科教学知识的策略，即教师经验的积累、教师反思机制的形成、学科教学认知的建立。① 王思蓉提出了初中英语教师学科教学知识发展的策略：第一，通过在职培训加强对英语教学目标中纵向目标知识的灌输，建议学校应多组织英语课程标准中关于英语目标知识的学习；第二，在教学中研究，在研究中教学；第三，教师应展开多途径学习方式，扩充跨文化知识；第四，学校积极宣传校园文化，创造外语学习条件，拓宽英语学习的渠道；第五，加强初中英语教师自主反思意识的培养。② 这些对在职英语教师学科教学知识的研究，促进了英语教学质量的提高，提升了在职英语教师在实践教学过程中解决问题的能力。

总之，由于每个研究者对知识、语言、学习、教学等有不同的理解，存在研究对象、学校、学段、地域等方面的差异，研究者对英语教师学科教学知识发展的建议呈现出多元化。多数研究者认为，职前英语教师学科教学知识的发展，要依靠大学师范教育期间合理安排英语教育专业的课程，重视教育实习。对于新任英语教师的学科教学知识发展，大部分研究者的观点主要集中在新任教师对自身教学的积极反思、有针对性的在职培训以及与有经验的教师进行交流学习。研究者还针对有经验的英语教师学科教学知识发展进行研究，研究结果表明，教学反思、教研活动、英语学科培训学习、英语教学策略的选择是英语教师学科教学知识发展的主要途径。有些研究者虽然针对英语教师学科教学知识发展进行研究，但是没有凸显英语学科的独特教学特征。

（三）研究述评

关于教师学科教学知识发展的研究内容丰富，覆盖面广。对于学科教学知识的内涵、结构、来源和发展策略等研究，不仅国外没有形成统一的意见，国内研究者也呈现了多元的观点，大部分研究者都是从个人研究的角度来确定其内涵和结构的。从研究对象来看，国内外研究者主要从职前教师、在职教师、新任教师、经验教师、专家教师以及新教师与专家教师的比较等，来探讨教师个人学科教学知识发展的状态。研究的学科视角多集中在对语文、数学、科学、化学、体育等学科教师，学段涉及大学、高中、初中、

---

① 姜艳丽. 高中英语教师 PCK 影响因素的个案研究 [D]. 重庆：西南大学，2013.

② 王思蓉. 初中英语教师学科教学知识（PCK）的现状调查及策略研究 [D]. 西安：西安外国语大学，2014.

小学。研究方法主要是理论研究,实证研究也呈现逐渐增多的趋势。尽管受研究者的切入点不一样、研究的方法各不相同、研究的对象差异性较大,以及研究工具、研究条件等诸多因素的影响,学界在学科教学知识研究的诸多领域中尚未取得一致性的见解,大有百家争鸣之势。从学科教学知识的研究结果中发现,学科教学知识具体指向某一学科,具有显著的学科特性,不同学科的学科教学知识可能在教学法方面可以共享,但不能直接为其他学科教师所用。因此,英语学科教师学科教学知识的发展离不开对学科内容的独特理解。不可否认,目前我国英语教师学科教学知识的相关研究已取得了较大的发展,为后来的研究提供了基础与借鉴。我国的学科教学知识研究,尤其是英语教师学科教学知识的相关研究起步较晚,还留有很多可以研究的空间,如鲜有对农村初中新任英语教师学科教学知识发展策略的研究。本书针对特定的教师群体——农村初中新任英语教师,面对相同的教学话题,农村新任教师们呈现出来的学科教学知识是怎样的呢?他们的学科教学知识有哪些特点与规律?他们在构建学科教学知识中受哪些因素影响?如何指导并促进其学科教学知识发展?对这些问题的探讨将有助于农村新任初中英语教师提高教育教学质量,促进教师专业的发展。

四、理论基础

(一)建构主义理论

建构主义理论最早由瑞士心理学家皮亚杰于20世纪60年代提出,之后科恩伯格、斯滕伯格和维果茨基等人的研究使这一理论得到丰富和完善,逐渐形成了较为完整的理论体系。从建构主义的观点来看,知识是一种解释和假设,它并不是问题的最终答案。相反,它会随着人类的进步而不断地被"革命"掉,并随之出现新的假设。另外,知识不是以实体的形式存在于具体个体之外,尽管人们通过语言符号赋予了知识一定的外在形式,甚至这些命题得到了较为普遍的认可,但这并不意味着学习者会对这些命题有同样的理解,因为这些理解只能由个体基于自己的经验背景而建构起来,它取决于特定情境下的学习历程。[①] 其实,我们不难看出,学习是获取知识的过程,知识不单是通过教师传授获得的,很大一部分是学习者在一定的情境即社会文化背景下,借助其他人(包括教师和学习伙伴)的帮助,利用必要的学习资料,通过意义建构的方式而获得的。学习也不是刺激—反应的机械过程,

---

① 袁振国. 当代教育学 [M]. 北京:教育科学出版社,2004.

而是学习者通过对外部信息进行筛选、加工而主动构建知识的复杂过程,是新旧经验之间相互作用的过程,是学习者在真实的情境里以协作会话的形式自觉主动地去建构知识意义的过程。学习者知识的构建受到其原有知识和外部信息等诸多因素的影响。初中英语教师学科教学知识的发展亦如此,是教师主动构建知识的过程。

从建构主义理论来看,教师不仅是知识的传授者,也是知识的积极建构者。建构主义学习理论为农村初中英语教师建构自己的学科教学知识提供了新的方法,英语教师学科教学知识的发展是英语教师在与外部世界交往、互动中建构新的理解。英语教师的学科教学知识发展是动态的,是教师基于自身原有知识和实践经验主动建构知识的过程。教师的知识并非一成不变,通过学习,英语教师可以学到理论知识、专业知识等;通过教学实践,可以提高教学技能,加深对实践知识的理解;通过语言教学、课堂反思及学习交流,在学习与实践中不断建构自己的学科教学知识。同时,英语教师还需不断进行探究,将诸多方面的知识综合、创新,才能更好地形成和发展自己的学科教学知识。特别是农村初中新任英语教师,在一个教育相对落后、英语学习环境比较差的背景下,帮助新任英语教师探索学科教学知识发展的有效策略是非常有必要的。新任教师的学习不能仅记住学科知识一般的概念和原理,还应将理论联系教学实践,加深对学科知识本质的理解,建构相关知识与理论。通过教学反思与实践,提升个人教学技能和专业能力。但是,教师的专业知识,不能直接对教学质量起决定作用,只有将学科专业知识转化为教师的教学知识,才能对新任教师的教学发挥最大的影响力。新任教师要在自主学习过程中不断提高认知能力,改进课堂教学思路,最终在自身学科教学知识发展的同时也使学生得以发展。[①] 由此可见,建构主义理论能为农村初中新任英语教师学科教学知识发展提供理论依据。

(二)社会文化理论

社会文化理论是在二十世纪二三十年代由苏联著名的教育家和心理学家维果茨基以及其团队提出的,是一个关于人类思维高级功能发展的研究。维果茨基认为初级思维功能是指儿童与生俱来的初级的思维功能,比如记忆;高级思维功能是指由文化影响或者说调节之后具有的思维功能,比如计算、计划等。初级思维功能是生理性的,是自然发展的;高级思维功能是文化调

---

① 李广平. 建构主义理论对教师教育的启示 [J]. 外国教育研究, 2004 (5): 33 - 36.

节的，由初级思维功能转化而来的。① 社会文化理论强调人的高级思维功能是社会历史的产物，受社会规律制约，强调人类社会文化对人的心理发展的重要作用，以及社会交互作用对认知发展的重要性。② 它认为所有知识的学习都是从社会开始，然后才是个体，或者说人类的认知发展首先是在脑际层面（即人与人之间的互动），然后才是脑内层面（即个体的大脑内部）。社会文化理论的核心组成部分包括中介、内化、最近发展区和搭脚手架。

在社会文化理论中，中介是一个核心概念，根据维果茨基的观点，知识通过中介得到提炼和完善并达到一致。中介是由外在的社会文化活动转向内在的心理功能的过程；中介是一种认知工具，它可以是一种物质工具，也可以是一个符号系统，或是社会互动中其他人的行为。③ 农村初中新任英语教师的学科教学知识要获得发展，教师间的互动交流必不可少，与他人交往最基本的沟通方式就是语言交流，语言作为中介工具，就探讨的问题、解决的方式等形成一定的共识，引起自身认知的变化，在获得与给予、影响与被影响的交互过程中，与他人良性互动，在交流中提升自己的学科教学知识。调节是中介的主要形式，人们通过调节物质世界、社会以及心理来推动人类的各种活动。调节分为三个阶段，即物体调节、他人调节和自我调节。④ 新任初中英语教师学科教学知识发展的过程中，他们逐渐对自己的学科教学知识进行调节活动。这一过程中，物体调节指新任教师受到周围环境影响的调节；他人调节是指新任教师的行为和思维在熟练教师的指导和帮助下的调节；自我调节是指新任教师在处理教学问题时，依靠自己的能力进行自主调节。

人们在生活中得到经验后，受社会环境的影响所产生的一些现象，通过人类大脑的思考过程，传输到我们的内心，通过"同化"和"顺应"两种机制，形成一个相对稳定的认知结构，这个过程就是内化。内化其实就是人们对新观点、新思想的认同，并将这些新观点、新思想与本人已有的知识相结合，形成统一的认识和态度体系。内化是在人和人之间，人和环境之间相互作用、相互影响下形成的心理机能过程。内化是人们与其周边环境交互的

---

① LANTOLF J P，秦丽莉. 社会文化理论——哲学根源、学科属性、研究范式与方法［J］. 外语与外语教学，2018（01）：1－18，146.

② 宋金鸿. 论维果茨基的社会文化理论及其教学应用［J］. 通化师范学院学报，2013，34（9）：136－139.

③ 高艳. 从社会文化理论的角度论语言教师的中介作用［J］. 外语教学理论与实践，2008（3）：93－96，87.

④ 王威. 社会文化理论及其应用研究［J］. 赤峰学院学报（汉文哲学社会科学版），2018，39（8）：155－158.

结果，外界信息必须通过内化才能转为人们内在的知识。对于农村初中新任英语教师而言，学科教学知识的内化是一个积极的互动发展过程，他们有着不同的学习、工作经历与经验，在所处的特定社会文化环境中与不同的教师、学生等互动，不同的思想碰撞产生智慧火花，在合作交流中互相启发，在语言教学实践中不断深化对教学的理解，促进学科教学知识的不断发展。英语教师通过观察同伴授课，对其语言表达、活动组织、手段运用等进行观察分析，可以有目的性地进行模仿。教师在模仿的过程中，将外在学到的语言知识、学科知识、教学知识等，内化为自身的内部活动，再经过内在的认知、消化、再加工后转化为自身的学科教学知识并加以储备。①

最近发展区和搭脚手架是有关学习的两个重要概念。最近发展区是指个体将来独立做事、依靠自己的能力实际发展水平与在他人指导或者与他人合作情况下达到的潜在发展水平之间的差距。在维果茨基看来，儿童文化发展过程中，每一项功能都出现两次或出现在两个层面，首先出现在人与人之间的社会层面，其次出现在个体内的心理层面；前者是指个体在物质性的人工制品和他人言语的帮助下执行某个具体的动作，后者则是指个体不依靠任何明显的外部帮助而仅仅利用自己的智力执行行动的过程；社会层面向心理层面的转移，标志着儿童开始调控自己的行为，即自我调控的形成。② 搭脚手架是指成人或指导者帮助儿童或新手解决问题来完成任务的行为，即儿童与新手还不能独立运用某种知识实现目的，但可以通过谈话或借助搭脚手架的帮助实现其目的。③ 社会文化理论的最近发展区和搭脚手架两个概念着重阐明了个人发展的社会文化性、外部环境对个人发展的促进性以及合作交流的重要性。

在农村新任初中英语教师发展学科教学知识过程中，资深英语教师和教育专家可以为新任教师搭建"脚手架"，更好地在英语教学理论和实践上进行指导，如教学意见的反馈、解决问题的提示、教学行为的辅助等。资深教师为新任教师提供最近发展区和搭脚手架，使新任教师看到了自身实际水平与潜在发展水平的差距，从而激发自己潜在的能力。同时，有经验的教师可以担当示范、引导、参考、协助等不同角色，分享信息、提供经验、给出意见，为新任教师的发展提供知识、技能、情感等多方面支持。新任教师与同

---

① 李允，徐锦芬. 社会文化理论视角下的外语教师专业发展 [J]. 中国成人教育，2015（3）：127 - 129.

② 姜孟. 从社会文化理论透视二语习得 [J]. 英语研究，2012，10（3）：53 - 58.

③ 王威. 社会文化理论及其应用研究 [J]. 赤峰学院学报（汉文哲学社会科学版），2018，39（8）：155 - 158.

行之间的合作体现了支架作用下最近发展区的提升，促使新任教师从依靠他人帮助完成具体任务，到不依靠外力、独立完成任务。

五、研究的目的与意义

（一）研究目的

英语教师的学科教学知识是影响英语教学质量提高的重要因素。本书以农村初中新任英语教师学科教学知识发展面临的困境为背景，通过调查，分析其出现的问题，并提出相应的策略以解决问题，使教师更自如地应对初中英语课堂教学中出现的一系列问题，更快地适应基础英语教学工作，更合理地组织英语课堂教学，提高课堂教学效率和教学质量，推进农村初中英语教学改革顺利开展。同时，也将丰富教师学科教学知识理论，为英语教师专业发展及英语教学等问题的解决提供参考。

（二）研究意义

本书探索农村初中新任英语教师学科教学知识发展的现实问题及有效途径，顺应英语教育研究的发展方向，符合我国基础英语教育改革和教师教育改革的需要，具有重要的理论意义和实践意义。

1. 有利于丰富和发展英语教师学科教学知识理论

通过梳理国内外学科教学知识的研究以及国内英语教师学科教学知识发展等相关研究及文献资料，从教育学、心理学、语言学等多维视角探讨农村初中新任英语教师学科教学知识发展的策略，对其发展现状作实地调查和研究，探索其发展的相关理论，为后续学科教学知识研究提供可借鉴的理论基础。

近年来，英语教师学科教学知识发展已经成为国内学者研究和讨论的热门话题。学者们研究的视角不一，多数研究集中于陈述英语教师学科教学知识的概念、构成、影响因素以及来源等。大多数学者对职前教师和在职教师的学科教学知识进行研究，而对于农村新任初中英语教师学科教学知识发展进行研究的较少。本文所要研究的农村初中新任英语教师学科教学知识发展策略为英语教师专业知识的研究提供了一个新视角，使英语教师专业知识的研究向纵深发展，丰富和细化英语教师专业知识的相关研究，对构建我国英语教师学科教学知识理论具有一定的学术价值。

2. 有利于促进农村初中英语教师专业发展，提升英语教学质量

本书可以为教师专业发展提供参考，有助于增强农村初中新任英语教师

自我发展意识，促进学科教学知识发展。通过问卷、访谈和课堂观察等方式，探索初中新任英语教师学科教学知识发展的问题及策略，帮助农村新任英语教师解决适应期的一些困惑，使他们能更快地适应教师的角色和学校教学环境，提高农村初中英语课堂教学效果，提升英语教学的质量。

六、研究的思路与方法

（一）研究思路

本书采用文献分析法对国内外的学科教学知识发展和英语教师学科教学知识发展的研究进行归纳与梳理，以学科教学知识内涵及英语教师学科教学知识内涵与结构的解读作为理论支撑。选取广西壮族自治区县级以下的乡镇农村初中新任英语教师作为研究对象，运用调查法和观察法来了解农村初中新任英语教师学科教学知识发展的现状，从而揭示其发展中存在的问题，利用相关理论对调查的结果进行系统的分析，探寻问题产生的原因，最后提出促进农村初中新任英语教师学科教学知识发展的策略。

（二）研究方法

1. 文献法

笔者以学校图书馆和图书资料室、中国知网（期刊、优秀硕博论文、报纸等数据库）、书籍等为资料来源搜集该领域的研究成果，阅读大量的国内外相关研究资料。在前人研究的基础上，分析了国内外的研究现状、存在的问题和发展趋势，梳理学科教学知识及英语教师学科教学知识发展的相关资料，归纳出相关研究。

2. 调查法

主要包括问卷法和访谈法。问卷调查主要是为了了解农村初中新任英语教师学科教学知识发展的现状，调查对象为广西壮族自治区县级以下的乡镇农村初中新任英语教师，通过他们的回答来分析农村初中新任英语教师学科教学知识发展存在的问题。考虑到问卷调查研究的局限性，笔者设计了教师访谈提纲。通过与部分农村新任英语教师的交流，对其学科教学知识的现状进行细致入微的了解，笔者获得了更加精确的资料。

3. 观察法

主要运用课堂观察法，了解农村初中新任英语教师在课堂中的授课和学生的学习情况。教师的学科教学知识很多时候是"隐性的"和"情景性的",往往只有在实际的教学中才能呈现出来。

七、研究内容及创新之处

（一）研究内容

本书主要是通过文献研究，梳理学科教学知识和英语教师学科教学知识的相关内涵、结构等理论。以问卷调查、访谈的方式，审视农村初中新任英语教师学科教学知识现状，用访谈和课堂观察的方式，了解农村初中新任英语教师学科教学知识发展的现状，并对其存在的主要问题进行分析，提出农村初中新任英语教师学科教学知识发展的策略。主要包括以下几个方面。

教师学科教学知识的解读。将从教师学科教学知识的历史考察出发，探索学科教学知识的来源与发展，厘清国内外学者学界对教师学科教学知识众说纷纭的定义。在此基础上，阐释英语教师学科教学知识及其立论的根基所在，分析农村初中新任英语教师学科教学知识结构。

农村初中新任英语教师学科教学知识发展现状审视。将通过问卷法、访谈法和课堂观察等方法开展调查研究，针对农村初中新任英语教师学科教学知识发展存在的问题，分析产生问题原因，并进行反思。

农村初中新任英语教师学科教学知识发展的策略探讨。教师的学科教学知识是在具体的教学过程中通过实践与反思逐渐建构起来的，在实际教学过程中，将学科知识与教学能力融合在一起，加深对复杂课堂教学过程的理解。农村初中新任英语教师刚从大学毕业，所学的英语专业知识和所掌握的教学技能还难以应对复杂、繁重的基础英语教学。基于调查分析，文章提出农村初中新任英语教师学科教学知识发展的策略，为之后的研究和教师的专业发展提供参考。

（二）创新之处

目前，国内外对教师学科教学知识研究的文献较多，对英语教师学科教学知识发展的研究也不少，但很少涉及研究农村初中新任英语教师学科教学知识发展的问题，本文在理论和实践上都有一定的创新。在理论上，试图在英语教学和农村初中新任英语教师学科教学知识发展之间找到连接点，磨制一个"双聚焦"镜头，在探讨新时代农村初中新任英语教师学科教学知识发展的基础上，聚焦农村初中英语教学，将"农村初中英语教学及其改革"和"新任教师学科教学知识发展"有机结合在一起，丰富与发展英语教师学科教学知识理论。在实践上，从英语学科知识、关于学生的知识、关于教学情境的知识和英语教学策略知识等四个维度，对农村初中新任英语教师学科教学知识发展现状进行系统的调查，了解农村初中新任英语教师学科教学知识发展的现状、现实困难、影响因素，并针对农村地区的具体情况和新任英语教师的特点，充分考虑英语学科的独特性，提出农村初中新任英语教师学科教学知识发展策略。这些探讨既有解决英语教师学科教学知识发展问题的普适性，又具有解决当前农村初中新任英语教师学科教学知识发展的问题的特殊性，在实践上有一定的创新。

第一章　英语教师学科教学知识内涵的解读

一、学科教学知识内涵的解读

1986年，美国斯坦福大学教授Shulman针对美国当时对教师测试的方法提出批评，他认为美国很多州的师资检证过程中往往把教师的学科知识与教学知识割裂开来进行考核，因而呼吁要重视学科知识在教学中的重要性，提出学科教学知识的概念pedagogical content knowledge，PCK。① 他认为学科教学知识是呈现和阐释学科内容、使学科内容能够被他人理解的方法。1987年，Shulman撰文重申学科教学知识是学科知识和教学法知识交互作用产生的一种特殊混合物，是教师在面对特定的主题、问题、议题时，如何针对学生的不同兴趣与水平，将学科知识进行组织、调整与呈现并实施于教学中。② 自此，学科教学知识成为国内外教师知识研究领域中受到广泛关注的热点，不同的研究者从不同的角度出发进行研究，丰富了学科教学知识的内涵。

Grossman，Geddis和Magnusson等研究者对学科教学知识的研究基本尊重了Shulman的思路。Grossman将学科教学知识定义为教师将自己的学科知识转化为有助于学生学习的特定知识。他认为学科教学知识包括四个中心成分，即关于学科教学目的的观念、有关学生理解的知识、课程知识和教学策略知识。其中第一类知识是核心知识，位于其他三类知识之上，因为教师关于学科教学目的的观念会影响教学内容和教学活动的选择。③ Geddis提出学科教学知识是将学科知识转换成学生能接受的形式。他认为学科教学知识是

---

① SHULMAN L S. Those who understand: knowledge growth in teaching [J]. Educational Reseacher, 1986, 15 (1), 4-14.
② SHULMAN L S. Knowledge and teaching: foundations of the new reform [J]. Harvard Educational Review, 1987, 57 (1): 1-22.
③ CROSSMAN P L. The making of a teacher: teacher knowledge and teacher education [M]. New York: Teachers College Press, 1990.

学科知识与一般教学知识交互作用的产物，是一种由学科知识转变为最适当的教学方式的知识。针对某个学科的主题，学科教学知识包含：①何处造成该主题较易或较难（包含学生的先前概念）；②能有效地重组学生对该主题的理解，以减少其形成错误概念的教学策略；③有效地呈现该主题的方法，如模拟、说明、举例、解释和示范。① 他强调学科教学知识应重视概念改变的教学策略与教学表征。Magnusson 则针对具体的学科对学科教学知识的内涵进行研究，他指出科学课程的学科教学知识包含五个要素：科学教学取向、科学课程知识与信念、学生对科学理解的知识与信念、教学策略的知识与信念和科学素养评价的知识与信念。其中科学教学取向这一要素直接影响其他四个要素，同时又被四个要素反作用。② Shuhua An, Gerald Kulm 和 Zhonghe Wu 在研究中国和美国数学教师学科教学知识的差异时指出，学科教学知识是教师从事有效教学的知识，包括三个要素：学科内容知识、课程知识和教学知识。③ 他们认为这三个要素当中教学知识最为重要，是学科教学知识的核心要素；掌握好学科内容知识及课程知识可以促进教学知识的提升。

Cochran, DeRuiter 和 King 认为"知识"太"静态化"，因为知识是学习者主动创造和建构的，并非静态的呈现或被动地接受；从建构主义和心理学的视角出发，提出了 pedagogical content knowing, PCKg, 即学科教学知觉的概念，用"知觉"（knowing）一个更动态的概念来替换"知识"（knowledge）。④ 其实，他们提出的学科教学知觉是从动态发展的视角综合理解强调教师对教学法知识、学科知识、学生知识和环境背景知识等知识的构建，更加关注学生的发展需求和社会文化因素的影响。这些成分有助于学科教学知觉的发展。他们还特别指出，学科教学知觉的四个要素不是简单的相加，它的特点是综合性和整合性。如果说 Shulman, Grossman, Geddis, Magnusson,

---

① GEDDIS A N. Transforming subject matter knowledge: the role of pedagogical content knowledge in learning to reflect on teaching [J]. International journal of science education, 1993, 15 (6): 673 – 683.

② MAGNUSSON S, KRAJCIK J, BORKO H. Nature, sources and development of pedagogical content knowledge for science teaching [M]. Norwell, MA: Kluwer Acadamic Publishers, 1999.

③ AN S H, GERALD KULM, WU Z H. The pedagogical content knowledge of middle school, mathematics teacher in China and U.S.A. [J]. Journal of mathematics teacher education, 2004, 7 (2): 145 – 172.

④ COCHRAN K F, DERUITER J A, King R A. Pedagogical content knowing: an integrative model for teacher education. [J]. Journal of teacher education, 1993, 31 (4), 268.

Shuhua An 等研究者关于学科教学知识内涵理解为多种知识的综合，从静态视角来诠释学科教学知识，而 Cochran 等人更注重从动态视角来分析，强调教师学科教学知识建构过程中的主动性和创造性。

随着学科教学知识内涵不断地扩大，Hashweh 认为它已经失去了本身最重要的特征，即话题的特定性。他认为学科教学知识既不是学科知识的一个下属概念，也不是一类能够包含所有知识点的知识。他提出教师教学建构（teacher pedagogical constructions）的概念。这一概念包括七个论断：①学科教学知识是教师个人的知识；②学科教学知识是一个教师教学建构单元的集合；③教师教学建构主要源于教学中的备课阶段、互动阶段和互动后阶段；④教学建构是一种创造性过程的产品，这一过程受不同类别知识和信念交互作用的影响；⑤教学建构既是一种普遍化了的以活动为基础的记忆，也是一种以故事为基础的记忆；⑥教学建构具有话题针对性；⑦教学建构可以是或者理想状态下应该是以多种有趣的方式被标签，并因此与其他类别和子范畴的教师知识和信念联系起来。① 这七个论断清楚地描述了学科教学建构概念的特点，体现了知识的动态建构特性。Hashweh 将学科教学建构与思维紧密结合起来，认为教师的备课阶段、互动阶段和互动后阶段的思维能够充分展现出教师的学科教学知识。

从上述几个有代表性的观点可以看出：国外对学科教学知识的研究经历了一个从静态的分析到动态的建构历程。以 Shulman, Grossman 等为代表的研究者将学科教学知识看作一种静态的知识体系，虽然他们对学科教学知识的内涵与本质有不同的见解，但是基本上是在 Shulman 关于学科教学知识定义的基础上，对部分特定的内涵加以延伸，认为学科教学知识是静态可学的知识集合，包括学科知识、教学策略知识、教学目的观念知识、学生知识、课程知识等。以 Cochran, Hashweh 等为代表的研究者摒弃学科教学知识静态观，从建构主义的角度对学科教学知识的概念进行新的诠释，揭示了这一概念的动态特征，认为学科教学知识是教师在特定教学情境中融合多种知识主动建构起来的，这些知识包括学科知识、课程知识、教学法知识、评价知识、学生知识、情境知识与文化知识等。

从 2000 年起，学科教学知识的研究进入我国大陆地区研究者的视野。白益民是较早研究学科教学知识的学者，他强调学科教学知识的核心内容是向特定的学生有效地呈现和阐释特定内容的知识，是多种知识的综合，是动态发展的过程；学科教学知识带有个人、学科和情境特征，从其构成来看包

---

① HASHWEH M Z. Teacher pedagogical constructions [J]. Teachers and teaching: theory and practice, 2005, 11 (3): 273-292.

括关于特定学科性质知识、课程安排知识、学生前概念和错误的知识、教学情境的知识等。①

刘婕认为学科教学知识是教师对教育学、心理学、学科知识、学生特征和学习背景的综合理解；教学本身是个推理的过程，从理解开始，经过转化、教学、评价、反省，而达到新的理解。②杨彩霞在梳理国外学科教学知识内涵的基础上结合已有研究指出，教师的学科教学知识是教师如何将所知道的学科内容以学生容易理解的方式加工、转化为给学生的知识，强调学科教学知识是学科知识与一般教学法知识的整合，其特征是与内容有关，基于经验的反思，具有实践性、个体性、情境性。③李辉指出，学科教学知识是一种构成相对复杂，融合学科内容知识、课程知识、教学法知识、学生知识、情境知识和其他相关知识，以将该特定学科内容予以组织及调整，并通过解释、示范、比喻、举例等教学策略呈现和转化为给学生学习的知识，认为学科教学知识具有建构性、整合性、转化性和个体性的特点。④

朱晓民结合中小学语文学科特点，认为语文教师学科教学知识是语文教师关于"如何教"的知识，其核心内容是与语文教师就特定教学内容向特定学生有效呈现和阐释的知识，具体包括语文课程与教材的知识、语文教学的方法知识、语文教学的表征知识。⑤张辰妹指出，化学教师的学科教学知识是化学教师面向一个班级的学生进行教学时，针对具体的化学知识或问题，以学生最容易理解的形式进行表征时所用到的知识，是化学教师特有的知识领域；初中化学教师的学科教学知识包含化学课程观知识、素材知识以及化学教学的策略技能知识等三项主要内容。⑥鲍银霞在其博士论文中将数学学科教学知识定义为："是关于数学内容'教学化'的知识，是数学知识和教育学知识的合金，是教师关于特定数学内容如何组织、表达和调整以适应学习者的不同兴趣和能力，从而进行有效教学的知识，是数学教师独有的专业

---

① 白益民. 学科教学知识初探［J］. 现代教育论丛，2000（4）：27–30.

② 刘婕. 建构与整合：论教师专业化的知识基础［J］. 课程·教材·教法，2003（4）：60–64.

③ 杨彩霞. 教师学科教学知识：本质、特征与结构［J］. 教育科学，2006（1）：60–63.

④ 李斌辉. 中小学教师 PCK 发展策略［J］. 教育发展研究，2011，31（6）：47–52.

⑤ 朱晓民. 语文教师教学知识发展研究［M］. 北京：教育科学出版社，2010.

⑥ 张辰妹. 农村初中化学教师 PCK 现状与发展策略研究［D］. 石家庄：河北师范大学，2014.

知识和专业素养的核心成分。"① 此外，研究者还对物理、政治、生物、英语、地理、体育等具体学科领域的学科教学知识内涵进行研究，使得学科教学知识的内涵更具有学科的独特性。

从以上研究可以看出，国内早期对学科教学知识的研究基本是在Shulman对学科教学知识概念阐释的基础上，运用文献分析的研究方法梳理西方学科教学知识研究的成果。不同研究者对学科教学知识的内涵进行了界定，他们在Shulman研究的基础上对学科教学知识做了进一步阐释和解释。其实，教师的学科教学知识简而言之就是教师就如何进行有效教学所建构的知识。随着对学科教学知识研究的不断深入，研究者结合具体学科，从不同的学段对学科教学知识内涵的影响进行有针对性的阐释，使得学科教学知识的内涵更具有学科的独特性。

二、英语教师学科教学知识的内涵及结构

英语在我国属于外语或第二语言，具有多学科性质。英语教学和其他学科教学一样与教育学、心理学有紧密联系，还和社会语言学、心理语言学、应用语言学、人类学、社会学等多门学科有着紧密的关联。英语学科有其特殊性，英语教师学科教学知识发展受到诸多因素制约，这部分将要对英语教师学科教学知识的内涵及结构进行系统的分析。

Crossman是较早对英语教师学科教学知识进行研究的学者，她认为教学目的不同影响了教学策略的选择，将"关于一门学科的统领性概念"纳入了学科教学知识，这个概念在教师教授特定学科的目标中得以体现。② Tsui和Nicholson为香港ESL（以英语作为第二语言）教师建立电子超媒体教学资料数据库时，重构了英语教师的知识结构，认为英语教师的知识结构由四部分构成：学科知识、一般教学法知识、情境知识及学科教学知识；英语教师的学科教学知识包括语言处理和产出技能知识、语言学习策略知识及语言教学策略知识。③ 他们对英语教师知识的重构彰显了英语学科对教师在语言方面

---

① 鲍银霞. 广东省小学数学教师MPCK的调查与分析［D］. 上海：华东师范大学，2016.

② CROSSMAN P L. A study in contrast: Sources of pedagogical content knowledge for secondary English teachers［J］. Journal Teacher Education，1988，40（5）：24–31.

③ TSUI A B M, NICHOLSON S. Hypermedia database and ESL teacher knowledge enrichment［J］. Journal of information technology for teacher education，1999，8（2）：215–237.

的独特要求，也说明了英语学科教学知识的重要性和特殊性。Andrews指出，英语教师的学科教学知识由六个部分构成：教师语言意识、学科知识、有关学生的知识、课程知识、教学情境知识和教学知识；教师语言意识除了包括教师语言水平的三个方面：教师心理活动技能、教师的策略能力和教师的语言能力之外，还有学科内容知识和关于学生的知识；教师的语言意识是语言教师学科教学知识的一个重要组成部分，是区分于其他学科教师学科教学知识的独特属性。[①] 专家们对英语教师学科教学知识有着不同的理解。Andrews将教师语言意识纳入学科教学知识的结构框架，Tsui和Nicholson对英语教师学科教学知识的构成元素进行了重新界定。研究者们对英语教师学科教学知识的研究，体现出英语学科对教师语言知识的特殊要求，也说明了学科教学知识的复杂性。他们为本研究分析英语教师的学科教学知识提供了重要的启示。

朱晓燕以广州的新任中学英语教师为研究对象，研究其学科教学知识的发展，她提出新任中学英语教师学科教学知识的构成六要素：教学目的观念、课程知识、学科知识、学习者知识、教学法知识和自我知识。朱晓燕认为，教学目的观念包括教学目标和学习目标；课程知识包括中学英语教学与考试大纲课文的理解；学科知识包括英语陈述性知识（语言能力）和程序性知识（语言运用）；学习者知识包括学生的经验知识和认知知识；教学法知识包括学习与教学模型或方法选择策略的理据；自我知识包括个人价值和职业认同和职业学习态度。[②] 韩刚认为英语教师学科教学知识主要由三部分构成，即学科知识、理论知识和实践知识；学科知识包括语言文化知识和语言交际技能；理论知识包括基础理论知识和个人理论知识；实践知识包括英语教学法知识、教学设计技能、课堂管理技能、课堂决策技能。[③] 龙海鸥从构成英语教师学科教学知识的六个维度入手：英语教学目的知识、英语学科内容知识、英语教学方法与策略知识、学生知识、英语教学情境知识、英语测评知识，探讨英语教师的学科教学知识的转化。[④] 李昱探讨小学英语教师学科教学知识的生成机制，他从构成小学英语教师学科教学知识的五个要素：

---

① ANDREWS S J. Teacher language awareness and the professional knowledge base of the L2 teacher [J]. Language Awareness, 2003, 12 (2): 81 – 95.

② 朱晓燕. 中学英语新教师学科教学知识的发展 [M]. 南京：南京师范大学出版社，2004.

③ 韩刚. 英语教师学科教学知识的建构 [M]. 上海：上海外语教育出版社，2011.

④ 龙海鸥. 初中英语教师PCK转化的研究 [D]. 重庆：重庆师范大学，2013.

关于英语教学观的知识、英语教学内容的知识、学生的知识、英语教学策略的知识、英语学习评价的知识,对小学英语教师学科教学知识的现状进行分析。① 蒋颖怡认为构成学科教学知识的四要素是英语教学目的知识、课程知识、对学生理解的知识、教学策略等,并从这几个方面来研究新手教师和专家教师的差异。②

综上所述,专家、学者通常将英语学科知识、英语教学法知识和关于学生知识等作为英语教师学科教学知识结构的重要组成部分。但因研究的视角、研究的重点和研究的需要等诸多方面的不同,研究者们提出的英语教师学科教学知识的结构各不相同,研究者们探索英语教师学科教学知识的结构,凸显了语言学科的特殊性。

基于国内外研究者对学科教学知识内涵及结构的研究,可以看出不同学者从不同的视角审视学科教学知识,他们对学科教学知识有着不同的定义和诠释。不少研究者把学科教学知识与具体学科结合起来,使得不同学科教师学科教学知识的内涵更具有针对性。鉴于英语学科的特殊性,本文将英语教师学科教学知识定义为英语教师就如何进行英语语言及文化教学所不断建构的知识,也就是英语教师为有效组织英语教学,通过课堂活动、教学策略和教学评价等,将英语教学内容变成易于学生理解和学习的综合知识。在教学过程中,英语教师需要将英语语言文化知识和教育理论等多领域知识结合,通过分析类比、举例说明和展示等方法,将要教的语言文化知识转换成使学生可学的知识,才能更好地提高英语教学的效率。而要做到这一点并非易事,教师需将英语学科知识、教育学理论知识、关于学生的知识和特定的教学情境知识融合,使授课内容对于教师而言可教、好教,对于学生而言可学、易学,才能切实提高英语教学质量。一名优秀的英语教师,不但要具备良好的英语基础和相关的文化知识,而且要掌握教授英语的策略,了解学生认知特点和学习需求,还需要按照国家、教育部门和学校要求来教学,在实践中不断促进自身的专业发展。因此,本书将英语教师的学科教学知识结构分为四个维度:英语学科知识、关于学生的知识、关于教学情境的知识和英语教学策略知识,每个维度又分为4—6个知识要点。具体如图1-1所示。

---

① 李昱. 小学英语教师 PCK 生成机制研究 [D]. 西安:陕西师范大学,2015.
② 蒋颖怡. 高中英语新手教师和专家型教师 PCK 比较的个案研究 [D]. 南京:南京师范大学,2017.

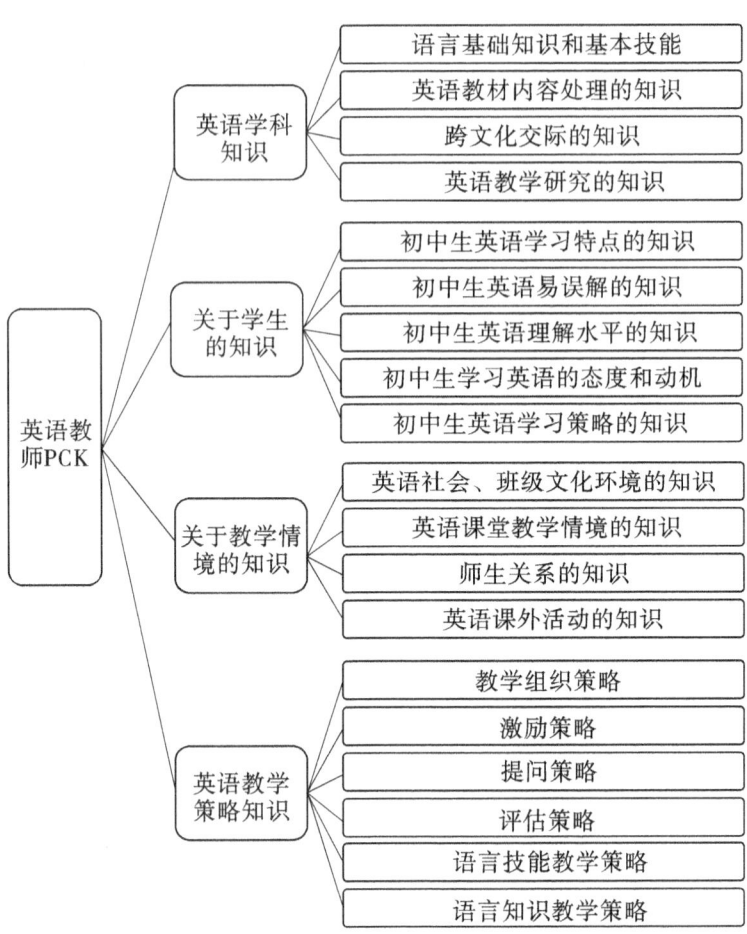

图1-1 英语教师学科教学知识结构图

第二章 农村初中新任英语教师学科教学知识发展现状调查

教师学科教学知识发展贯穿整个教师职业生涯。教师所接受的职前教育和在职培养都对其学科教学知识的发展有着直接或间接的帮助与影响。一般来说,新任英语教师在职前教育已经完成系统的英语专业学习和教学技能训练,初入真实的英语教学课堂,正是处于教师学科教学知识发展的关键时期。本书通过调查,了解农村初中新任英语教师学科教学知识发展的现状,为探索有效促进农村初中新任英语教师学科教学知识发展的策略提供现实依据。

一、调查问卷设计依据

本书从英语学科知识、关于学生的知识、关于教学情境的知识和英语教学策略知识等四个维度,调查农村初中新任英语教师学科教学知识现状,其中各维度的评价内容将会以《义务教育英语课程标准(2011年版)》中的课程目标及实施建议为指导,以国内学者对英语教师学科教学知识构成因素划分的研究为基础,最终确定农村初中新任英语教师学科教学知识发展现状调查问卷的维度评价内容。

(一)义务教育英语课程标准

义务教育阶段英语课程的目标是:通过英语学习使学生形成初步的综合语言运用能力,促使心智发展,提高综合人文素养。英语课程标准要求,在教学中教师要坚持以学生为本,根据英语学科特点和学生发展需求设计教学,以语言技能、语言知识、情感态度、学习策略和文化意识等设计英语课程总目标(图2-1),发展学生的综合语言运用能力。[1] 英语课程标准对教

---

[1] 中华人民共和国教育部. 义务教育英语课程标准(2011年版)[S]. 北京:北京师范大学出版社,2012.

师提出了更高的要求，是推进初中英语教学改革的重要依据。

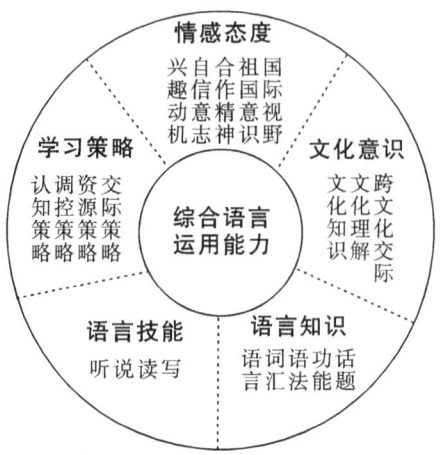

图2-1 英语课程总目标

　　从英语课程总目标看，英语学科知识是英语教师立业的根本，也是英语教师学科教学知识结构的最重要组成部分。基于英语课程总目标和课程标准的实施建议，教师要掌握好英语学科知识（主要包括英语语音、词汇、语法、语用、修辞、文化等语言知识），还要掌握好英语语言技能（听、说、读、写）。教师英语学科知识掌握不牢固，很难完成英语教师传道、授业、解惑的教学任务，无法实现英语课程的总目标。教师还应掌握好作为学科教学知识关键要素的英语教学策略，使用提问、举例、解释等手段组织课堂，激发学生学习英语兴趣，合理安排教学内容，促使学生的综合语言能力更好地发展。教师还要掌握好学科教学知识、教学情境知识，根据国家、教育部门和学校要求开展英语教学，处理好师生关系，培养学生积极的情感态度，提高学生英语交际能力。另外，学科教学知识的核心内涵在于将学科知识转化为学生可学的形式，这就要求英语教师了解学生需求，以学生为中心，立足于学生，实现转化。在教学过程中，从学生的发展需求出发，按照英语教和学特有的规律，掌握学生的个体差异和认知特点，培养学生积极的学习动机和学习策略，保持学生学习英语的兴趣和信心，培养学生分析问题、解决问题的能力。

（二）关于外语教师学科教学知识构成的研究

　　学科教学知识综合了学科知识、一般教学法知识和课程知识，是教师特有的知识。具体情境中学科内容的教学，是教师在专业实践中获得的对自己专业独特的理解。王玉萍认为，教师要掌握好英语专业知识，运用好教学策略，根据学生的发展需求，创设情境，合理设计英语课堂教学。外语学习情境的知识，广义上是指有关社会、政治、文化和周围环境等方面的知识，狭义上是指学校、班级和课堂等实际教育情境知识。外语教师要掌握好外语学习情境知识，才能更好地开展外语教学活动。① 教学情境的知识还包括国家和教育部门的要求，社会环境、学校、班级文化环境的知识，英语课堂教学情境的知识，师生关系的知识，英语课外活动的知识等。教学情境知识是教师学科教学知识重要的要素，农村初中新任英语教师发展关于教学情境的知识显得格外重要。为培养初中生的综合语言运用能力，英语教学不能脱离学生的生活实际，教师要善于创设情境，使学生能够在真实或者接近真实的语境中学习英语语言文化，给学生提供更多使用英语的机会，促进学生英语语言习得。初中英语教师还要善于与学生建立积极、民主、相互信任的师生关系，在和谐的课堂气氛中鼓励学生积极进行英语交流，用英语表达个人的观点。除此之外，英语教师要利用学校的文化环境，有针对性地组织学生开展英语课外活动，帮助学生拓宽视野，掌握英语语言文化知识。

（三）关于英语教学策略的研究

王笃勤认为教学策略是指导教师有效开展课堂教学的原则和为实现预期教学目标所采取的有效教学行为。英语教学策略可以分为普遍性策略和具体性策略，其中普遍性教学策略是指使用于各种课型的教学策略，包括组织策略、激励策略、提问策略和评估策略，而具体教学策略是用于培养听、说、读、写能力的教学行为，根据所涉及的教学内容可分为词汇教学策略、阅读教学策略、听说教学策略、写作教学策略和语法教学策略。② 英语教师要根据教学内容、教学目标和学生的发展等需求调整教学策略，根据语言教学任务、课型和学生背景选择适当的教学策略。根据英语教学策略的相关研究，本文关于教学策略知识的讨论包括教学组织策略、激励策略、提问策略、评估策略、语言技能教学策略和语言知识教学策略等。

根据学界对学科教学知识的有益探讨，针对农村中学的具体情况，本书结合英语课程标准和外语教师学科教学知识构成及英语教学策略的相关研究，确定了农村初中新任英语教师学科教学知识发展现状调查问卷中英语学科知识、关于学生的知识、关于教学情境的知识和英语教学策略知识四个维度的具体评价内容。

---

① 王玉萍. 论外语教师 PCK 发展路径 [J]. 外语界, 2013 (2): 69-75.
② 王笃勤. 英语教学策略论 [M]. 北京：外语教学与研究出版社, 2002.

二、调查问卷的构成

本文的农村初中新任英语教师学科教学知识发展现状问卷主要包括三个部分：第一部分是调查对象的基本情况；第二部分依据 Likert 量表设计成五分式量表，根据四个中级维度及以下的分级小维度设计 40 个项目问题；第三部分是开放型问卷题目。在第二部分中，第一个维度为英语学科知识，包括语言基础知识和基本技能、英语教材内容处理的知识、跨文化交际的知识和英语教学研究的知识；第二个维度关于学生的知识，包括初中生英语学习特点的知识、初中生英语易误解的知识、初中生英语理解水平的知识、初中生学习英语的态度和动机和初中生英语学习策略的知识；第三个维度是关于教学情境的知识，包括英语社会、班级文化环境的知识，英语课堂教学情境的知识，师生关系的知识和英语课外活动的知识；第四个维度是英语教学策略的知识，包括普遍性策略知识和具体性策略知识，普遍性策略知识又划分为教学组织策略知识、激励策略知识、提问策略知识和评估策略知识，具体性策略知识分为语言技能教学策略知识和语言知识教学策略知识，具体内容如表 2-1 所示。为了便于统计和分析，每个维度设 10 个项目题，选项分为完全不符合、比较不符合、有时符合、比较符合、完全符合五级，其对应分值为 1、2、3、4、5。

为进一步了解农村初中新任英语教师学科教学知识发展现状、存在的问题和困难以及学科教学知识的影响因素，本书还采用了课堂观察和访谈法。

表 2-1 调查问卷的基本组成

组成部分		组成内容
一	教师的基本情况	性别、学历、是否英语专业、是否师范类、教龄、职称
二	维度一 英语学科知识（1—10题）	语言基础知识和基本技能（1、2、3、4题）
		英语教材内容处理的知识（5、6、7、8题）
		跨文化交际的知识（9题）
		英语教学研究的知识（10题）

续上表

组成部分		组成内容	
二	维度二 关于学生的知识（11—20题）	初中生英语学习特点的知识（11、12题）	
		初中生英语易误解的知识（13、14、15题）	
		初中生英语理解水平的知识（16、17、18题）	
		初中生学习英语的态度和动机（19题）	
		初中生英语学习策略的知识（20题）	
	维度三 关于教学情境的知识（21—30题）	英语社会、班级文化环境的知识（21、22题）	
		英语课堂教学情境的知识（23、24、25、26、27题）	
		师生关系的知识（28、29题）	
		英语课外活动的知识（30题）	
	维度四 英语教学策略的知识（31—40题）	普遍性策略知识	教学组织策略知识（31题）
			激励策略知识（32题）
			提问策略知识（33题）
			评估策略知识（34题）
		具体性策略知识	语言技能教学策略知识（35、36、37、38题）
			语言知识教学策略知识（39、40题）
三		开放型问卷题目	

三、调查对象

为了保证调查对象具有一定的代表性和调查可行性，本研究主要采用抽样调查的方法。在广西全区范围内按照经济发达程度分为东部（贺州市）、西部（百色市）、南部（北海市）、北部（河池市）和中部（南宁市）5个不同地区，抽样调查了30多所乡镇初中的109名农村初中新任英语教师。在调查中发现，有的乡镇初中近五年来没有录用英语教师，无新任英语教师。

四、问卷调查实施

从 2018 年 10 月 1 日至 12 月 10 日，陆续调查了 109 名广西壮族自治区的农村初中新任英语教师。在调查问卷发放时，笔者向被调查的教师说明此次调查的主题、目的、问卷填写的方法等事项，并强调此次问卷调查仅作为学术研究之用，采用匿名调查的方式，不会对老师有任何的影响，消除了被调查教师的顾虑。调查对象来自百色市德保县巴头乡初中、燕峒乡初中、荣华乡初中、龙光乡初中、东凌镇初中、足荣镇初中、敬德镇初中；河池市罗城仫佬族自治县四把镇初中、都安瑶族自治县澄江乡中学、三只羊乡龙英村三只羊中学、九渡乡初中、地苏乡初中、下坳乡初中、拉烈乡初中、保安乡初中、大兴乡初中、安阳镇中学；北海市铁山港区营盘镇初中、营盘镇黄稍中学、南康镇中学、南康镇一中、银海区福成镇一中、合浦县西场镇一中、西场镇三中；南宁市横县南乡镇三中、百合镇二中、宾阳县大桥镇中学、黎塘镇一中、黎塘镇二中；贺州市昭平县木格乡中平村木格中学等 30 多个乡镇初中的新任英语教师。调查得到了广西宾阳县、德保县等县教育局英语教研员和调查点老师的大力支持与帮助，笔者顺利完成了对部分广西农村新任初中英语教师的问卷调查。据相关县教育局的工作人员介绍，农村初中英语教师紧缺，新任英语教师不多。

五、调查问卷的信度和效度检验

笔者对收到的 109 份调查问卷进行仔细阅读与检查，发现有 4 份问卷在每道单选题几乎选择了同一个答案，因此将这 4 份问卷视为无效问卷予以剔除，其余 105 份问卷有效。调查问卷还设计了一个开放型问题，33 份问卷没有填写此题，72 份问卷有较为详细的观点。

（一）信度检验

本研究运用 SPSS20.0 对数据进行了分析。根据 Cronbach α 信度系数法，大于 0.9 说明研究数据信度质量很高，0.7—0.8 之间为可以接受，0.7 以下则需要对量表的题目进行修改。从表 2-2 中我们可以看出，总量表的信度系数是 0.973，因而说明该调查问卷具有稳定性和可靠性，研究数据信度质量很高，可用于进一步分析。

表 2-2　可靠性统计量

Cronbach α	项数
0.973	40

表 2-3 列出了调查问卷四个维度的信度。本问卷的四个维度的可信度分别是 0.924、0.937、0.911 和 0.906。所有维度的 α 系数均在 0.9 以上，所以本问卷分维度的题目是完全可信的。

表 2-3　各维度可靠性统计量

维度	Cronbach α	项数
维度一	0.924	10
维度二	0.937	10
维度三	0.911	10
维度四	0.906	10

（二）效度检验

在编制调查问卷过程中，研究者咨询了教学论方面的专家和一线教师的意见，并对问卷做了 5 次修改和调整，保证了问卷内容的效度。本研究还利用 SPSS20.0 对问卷的总体效度和各维度效度进行分析。分析 KMO（Kaiser-Meyer-Olkin）检验和 Bartlett 球形度检验结果如表 2-4 和表 2-5 所示。

表 2-4　总体 KMO 和 Bartlett 检验

取样足够度的 KMO 度量		0.916
Bartlett 的球形度检验	近似卡方	574.154
	Df（自由度）	780
	Sig.（显著性）	0.000

表 2-5　各维度 KMO 和 Bartlett 检验

维度		维度一	维度二	维度三	维度四
取样足够度的 KMO 度量		0.900	0.916	0.896	0.895
Bartlett 的球形度检验	近似卡方	689.671	772.257	576.385	535.094
	Df（自由度）	45	45	45	45
	Sig.（显著性）	0.000	0.000	0.000	0.000

KMO 值在 0.9 以上为非常好，在 0.8—0.9 为好，在 0.7—0.8 为一般。从表 2-4 中可以看出，本问卷 KMO 值很高，为 0.916，显著性 Sig. 值为 0.000，小于 0.05，表示差异性十分显著，表明相关系数有统计学意义。表 2-5 中四个维度的 KMO 值分别达到了 0.900、0.916、0.896、0.895，显著性 Sig. 值都为 0.000，小于 0.05。以上数据说明该问卷有结构效度，非常适合做因子分析。

六、课堂观察及访谈实施过程

在问卷调查之后，笔者观察了 4 名农村新任英语教师的授课，并针对课堂中的一些问题与该教师进行了交流。另外，笔者还从被测试的农村初中新任英语教师中抽取 3 名教师进行访谈，进一步了解农村初中新任英语教师学科教学知识发展的现状，访谈内容均采用手机进行录音，再转化为文本形式，为后续的数据处理做准备。

第三章　农村初中新任英语教师学科教学知识发展调查结果与分析

一、研究对象的基本情况分析

本研究对广西壮族自治区县级以下的 30 个乡镇的 109 名农村初中新任英语教师进行问卷调查；有效问卷 105 份，调查对象包括 9 名男性教师和 96 名女性教师，女教师在数量上远远多于男教师。受调查的农村初中新任英语教师大多受过本科教育，其中 90 人有大学本科学历，15 人为大专学历，无研究生学历的教师。100 名教师是英语专业毕业的，占总数（指有效问卷调查对象数）的 95.24%，这为英语教学奠定了良好的学科基础；5 名教师是非英语专业毕业的，因为农村初中英语教师紧缺，由他们来补位。74 名教师是师范类院校毕业的，占总数的 70.48%，这些教师在大学期间受到过系统专业的师范教育；31 名教师是非师范类院校毕业的，占总数的 29.52%，这类教师在职前没有接受过专门师范教育培训，在任职期间需要加强职后培养。教龄方面，教龄未满 1 年的有 14 人，教龄在 1—2 年的 35 人，教龄在 3—4 年的 28 人，5 年教龄的 28 人；教龄为 1—2 年的最多，占总数的 33.33%。在职称方面，未定级的教师 31 人，初级职称的 55 人，中级职称的 14 人，其他 5 人；初级职称的人数最多，占总数的 52.38%。5 位属于其他职称的教师，有小学初级或中级职称，因为初中缺少英语教师，由他们来补充初中英语教师的岗位。详细数据如表 3-1 所示。

表 3-1　有效问卷调查对象的基本情况

类别		人数/名	百分比/%
性别	男	9	8.57
	女	96	91.43

续上表

类别		人数/名	百分比/%
学历	中专（高中）	0	0
	大专	15	14.29
	本科	90	85.71
	研究生	0	0
是否是英语专业	是	100	95.24
	否	5	4.76
是否是师范类	是	74	70.48
	否	31	29.52
教龄	未满1年	14	13.33
	1-2年	35	33.33
	3-4年	28	26.67
	5年	28	26.67
职称	未定级	31	29.52
	中教二级（初级）	55	52.38
	中教一级（中级）	14	13.34
	其他	5	4.76

二、农村初中新任英语教师学科教学知识整体情况分析

本问卷包括四个维度，每个维度有10个问题，共40个问题，每题最高得分为5分，最低得分为1分，采用SPSS20.0对数据进行分析，得出四个维度的均值从高到低依次为英语学科知识（4.064）、关于学生的知识（3.972）、英语教学策略知识（3.919）、关于教学情境的知识（3.860），如表3-2所示。这在一定程度上说明农村新任初中英语教师对于英语学科知识掌握较好，其原因可能有两个：其一，这些新任教师刚从大学毕业不久，他们所掌握的语言知识、语言技能和教育学、心理学知识还没有被磨蚀，有利于初中的英语教学的开展；其二，在入职后对于所教英语学科的内容知识除了自身的教学实践外，大都是源于教师教学参考书。关于学生的知识仅次于学科知识，表明新任教师比较了解学生的语言学习特点、学习态度以及英语学习能力，与学生关系较好。农村初中新任英语教师对于英语教学情境知

识的得分最低，均值为 3.860；其次是英语教学策略知识，均值为 3.919，得分较低，说明教师对于英语教学情境知识和英语教学策略知识掌握不够好。这两个维度的知识融合了个人经验和个性特征，需要在日常教学实践中逐渐积累，是教师对学科知识的理解和转化，是教师个性化经验的凝结，调查数据说明新任教师从英语教学实践当中积累的相关知识有所欠缺。

表 3-2　学科教学知识四个维度描述性统计量

维度		$N^{①}$	极小值	极大值	均值	标准差	方差
维度一	英语学科知识	105	1.000	5.000	4.064	0.628	0.395
维度二	关于学生的知识	105	1.000	5.000	3.972	0.598	0.358
维度三	关于教学情境的知识	105	2.000	5.000	3.860	0.580	0.336
维度四	英语教学策略的知识	105	2.000	5.000	3.919	0.559	0.313

三、农村初中新任英语教师学科教学知识维度分析

（一）英语学科知识具体情况分析

调查问卷中的维度一是英语学科知识，包括 10 个问题，按其性质可以划分为语言基础知识和基本技能（Q1—Q4）、英语教材内容处理的知识（Q5—Q8）、跨文化交际的知识（Q9）和英语教学研究的知识（Q10）四类问题。英语学科知识中各问题的描述性统计量分析如表 3-3 所示。

表 3-3　维度一：英语学科知识的描述性统计量

	N	极小值	极大值	均值	标准差	方差
Q1	105	1.000	5.000	4.324	0.766	0.586
Q2	105	1.000	5.000	4.076	0.781	0.610
Q3	105	1.000	5.000	4.324	0.803	0.644
Q4	105	1.000	5.000	4.333	0.755	0.571
Q5	105	1.000	5.000	4.133	0.809	0.655
Q6	105	1.000	5.000	3.886	0.954	0.910
Q7	105	1.000	5.000	4.038	0.831	0.691

---

① 注：N 为有效样本量，全书同。

续上表

	N	极小值	极大值	均值	标准差	方差
Q8	105	1.000	5.000	3.990	0.849	0.721
Q9	105	1.000	5.000	3.971	0.713	0.509
Q10	105	1.000	5.000	3.562	0.876	0.768

从整体看，英语学科知识是学科教学知识四个维度中均值最高的，是农村初中新任英语教师的学科教学知识中掌握得相对好的知识。这说明大部分农村初中新任英语教师的英语本体知识比较扎实。以下为英语学科知识这一维度的详细分析。

1. 有关语言基础知识和基本技能的分析

如表3-3所示，语言基础知识和基本技能Q1—Q4的均值分别是4.324、4.076、4.324、4.333，均大于4。各选项所占百分比如表3-4所示，其中"比较符合"和"完全符合"这两个肯定性评价选项的有效百分比之和分别为93.33%、81.90%、87.62%、91.42%。由此我们不难看出，绝大部分农村初中新任英语教师英语语言基础知识、语言技能以及语言学、文学等本体知识掌握得较好，可以满足教学的需要。得出这样结论的原因可能和绝大部分初中英语教师都是英语专业本科毕业有关，大学时期的英语专业本体知识学习比较规范、系统。

表3-4 语言基础知识和基本技能的情况

问题	选项	人数/名	百分比/%
Q1. 我具有扎实的英语语言基础知识，能胜任初中英语教学工作	完全不符合	2	1.90
	比较不符合	1	0.95
	有时符合	4	3.81
	比较符合	52	49.52
	完全符合	46	43.81
Q2. 我掌握英语语言学、文学的基础知识	完全不符合	1	0.95
	比较不符合	2	1.90
	有时符合	16	15.24
	比较符合	55	52.38
	完全符合	31	29.52

续上表

问题	选项	人数/名	百分比/%
Q3. 我熟练掌握英语听、说、读、写、译的基本技能，英语语言技能可以满足教学的需要	完全不符合	1	0.95
	比较不符合	2	1.90
	有时符合	10	9.52
	比较符合	41	39.05
	完全符合	51	48.57
Q4. 我能够回答初中生提出的各种英语学习问题	完全不符合	1	0.95
	比较不符合	2	1.90
	有时符合	6	5.71
	比较符合	48	45.71
	完全符合	48	45.71

2. 有关英语教材内容处理的知识的分析

如表3-3所示，英语教材内容处理的知识Q5—Q8的均值分别是4.133、3.886、4.038、3.990。各选项所占百分比如表3-5所示，通过分析"比较符合"和"完全符合"这两个肯定性评价选项的有效百分比之和，Q5—Q8分别为86.67%、74.28%、78.10%、80.95%，得出如下结论：①大多数农村初中新任英语教师比较熟悉初中英语教材的内容，基本能够把握教材内容的重难点。②大部分新任英语教师对初一到初三的英语课程目标设置有所了解。③大部分新任英语教师能够根据所在地区的教学实际情况和学生的英语语言水平，对初中英语教材部分内容进行适当的取舍和调整。从调查对象的工作年限来看，53.34%被试者的教龄为3—5年，按照初中每三年为一个教学循环期，有超过一半的被试者已经满一个教学循环期，因此对教材内容比较熟悉，基本也能把握英语教学目标和教材内容的重难点，可以针对学生的学习情况适当地取舍和调整部分教材的内容。

表3-5 英语教材内容处理知识的情况

问题	选项	人数/名	百分比/%
Q5. 我熟悉初中英语教材的内容	完全不符合	2	1.90
	比较不符合	2	1.90
	有时符合	10	9.52
	比较符合	57	54.29
	完全符合	34	32.38
Q6. 我了解2011年版的英语课程标准中的3—5级（七年级至九年级）的课程目标	完全不符合	3	2.86
	比较不符合	6	5.71
	有时符合	18	17.14
	比较符合	51	48.57
	完全符合	27	25.71
Q7. 我能够把握初中英语课本每个单元的重点难点，能够深入浅出地分析教学内容	完全不符合	1	0.95
	比较不符合	3	2.86
	有时符合	19	18.10
	比较符合	50	47.62
	完全符合	32	30.48
Q8. 我能够根据所在地区的教学实际情况和学生的英语语言水平，对初中英语教材进行适当的取舍和调整	完全不符合	2	1.90
	比较不符合	4	3.81
	有时符合	14	13.33
	比较符合	58	55.24
	完全符合	27	25.71

3. 有关跨文化交际知识的分析

如表3-3所示，跨文化交际的知识Q9的均值是3.971。各选项所占百分比如表3-6所示，分析Q9"比较符合"和"完全符合"这两个肯定性评价选项的有效百分比之和为80.00%，表明大部分被试者对英语国家文化较为了解。为了进一步了解新任英语教师对跨文化交际知识在真实的课堂中的渗透情况，笔者在课堂观察后对新任英语教师进行了访谈。在初中英语八年级上册听说课"When were you born?"中，教师为了引起学生的学习兴趣和吸引学生的注意力，用多媒体展示了多位明星的照片及明星的个人信息，让学生操练"When was he/she born?"，教师在课堂中着重讲解了语言点be born及月、日等时间的英语表达。尽管本单元学习的是如何询问出生日期，但是在与英语国家的人交际中，应尽量避免问及成年人尤其是女士的年龄、婚姻状况和收入等隐私问题，而教师忽视了这方面文化的教学，没有介绍这方面的文化信息。在访谈中，这位教师说对这方面的信息学生已经了解。

问：本节课是否需要和学生说明在英语文化中一般不问年龄等隐私问题？

答：以前课堂中曾经和学生讲过不问外国朋友年龄等隐私问题。在七年级时就告诉过学生，这些学生们应该都明白。年龄、个人收入等一些个人的隐私问题都不要问，这在之前情境交际部分的考试中都已经考过。

问：你在上其他课题时，注意到文化渗透的问题了吗？

答：我们这里的学生英语基础很差，英语国家文化渗透很少。教师上课大多注意夯实学生的语言基础，在英美国家文化教学方面做得不够。近年来，文化知识也是考试的重要内容，以后必须多重视，但是我们没有那么多时间，英美文学作品之类的文化很少涉及。

从以上调查我们可以看出：农村初中新任英语教师容易将文化教学做碎片化处理，会认为某个文化知识是某个年级的内容，没有必要反复讲；英语教学中渗透文化知识是为了考试。本节课的内容主要是关于生日、年龄等，但是教师忽视了相关文化知识的教学。虽然在问卷调查中有80.00%的被试者对"我了解英语国家文化，能够引导学生关注语言和语用中的文化因素"持肯定性评价，但是在实际的课堂教学中没能体现出对文化知识的介绍或者渗透，也比较少去引导学生关注语言和语用中的文化因素。

这种关于英语课堂文化在教学中缺失的现象在初中英语教学中普遍存在。英语教师们虽然意识到英语的跨文化知识在教学中的重要性，但是由于课时的限制和考试的因素，课堂上英语教师多重视对语言知识点和语法的讲解，侧重于如何使授课有利于学生考试做题，部分教师认为有关语言文化的介绍是浪费时间。其实在英语交际中，这些文化内容也是很重要的，处理不当容易造成文化"休克"，只有加强这方面的教学，才能切实提高学生的英语综合运用能力。

表3-6 跨文化交际知识的情况

	选项	人数/名	百分比/%
Q9. 我了解英语国家文化，能够引导学生关注语言和语用中的文化因素，帮助学生了解中外文化的异同	完全不符合	1	0.95
	比较不符合	1	0.95
	有时符合	19	18.10
	比较符合	63	60.00
	完全符合	21	20.00

4. 有关英语教学研究知识的分析

如表3-3所示，英语教学研究的知识Q10均值是3.562，小于4。各选项所占百分比如表3-7所示，分析Q10"比较符合"和"完全符合"这两个肯定性评价选项的有效百分比之和为60.95%，是英语学科知识中平均值和百分比之和得分最低的测试题。这说明农村初中新任英语教师对英语教学研究前沿的了解不多，对英语教学发展动态的关注有所欠缺。产生这种结果的原因在于，新任英语教师整天疲惫奔波于备课、制作课件、上课、批改作业和试卷，平时没有时间去阅读相关的英语教学论文、杂志和书籍，上网的时候也较少浏览英语教学研究前沿和发展动态的相关网页。

表3-7 英语教学研究知识的情况

问题	选项	人数/名	百分比/%
Q10. 我了解英语教学的研究前沿和发展动态	完全不符合	2	1.90
	比较不符合	11	10.48
	有时符合	28	26.67
	比较符合	54	51.43
	完全符合	10	9.52

从表3-3标准差数值上看，Q6"我了解2011年版的英语课程标准中的3—5级（七年级至九年级）的课程目标"的标准差值最大，达到了0.954，这表明农村新任英语教师对初中英语课程目标的了解存在着较大的差异性。标准差值最低的是Q9"我了解英语国家文化，能够引导学生关注语言和语用中的文化因素"，标准差值为0.713，这表明新任教师对英语国家文化的了解较少，能引导学生关注语言和语用中的文化因素的差异性较小。

综上所述，在学科知识方面，农村初中新任英语教师存在以下问题：①虽然知道英语跨文化知识在教学中的重要性，但是在实际的课堂教学中没能体现出对文化知识的介绍或者渗透。②平时阅读专业书籍、英语教学研究杂志和专业研究网页比较少，不大了解英语教学的研究前沿和发展动态。

（二）关于学生的知识具体情况分析

调查问卷中的维度二是关于学生的知识，包括10个问题，按其性质细分为初中生英语学习特点的知识（Q11、Q12）、初中生英语易误解的知识（Q13—Q15）、初中生英语理解水平的知识（Q16—Q18）、初中生学习英语的态度和动机（Q19）、初中生英语学习策略的知识（Q20），关于学生的知识中各问题的描述性统计量分析如表3-8所示。

表3-8 关于学生的知识的描述性统计量

	N	最小值	最大值	均值	标准差	方差
Q11	105	1.000	5.000	3.895	0.746	0.556
Q12	105	1.000	5.000	3.848	0.744	0.553
Q13	105	1.000	5.000	3.695	0.810	0.656
Q14	105	1.000	5.000	3.848	0.794	0.630
Q15	105	1.000	5.000	4.057	0.745	0.554
Q16	105	1.000	5.000	3.971	0.713	0.509
Q17	105	1.000	5.000	4.152	0.744	0.553
Q18	105	1.000	5.000	4.019	0.693	0.480
Q19	105	1.000	5.000	4.143	0.739	0.547
Q20	105	1.000	5.000	4.095	0.754	0.568

关于学生的知识在学科教学知识四个维度中均值位居第二，属于农村初中新任英语教师的学科教学知识中掌握得相对较好的知识。这表明大部分农村初中新任英语教师对所教学生比较了解，师生关系比较融洽。下面就关于学生的知识这一维度进行详细分析。

1. 有关初中生英语学习特点知识的具体分析

如表3-8所示，初中生英语学习特点的知识Q11和Q12的均值分别是3.895、3.848，均小于4。各选项所占百分比如表3-9所示，"比较符合"和"完全符合"这两个肯定性评价选项的有效百分比之和分别为75.24%、72.38%，表明大部分农村初中新任英语教师对初中生的身心发展、语言认知发展的特点以及学生个体差异有一定的了解。访谈中，新任英语教师反映学生基础差、厌学；学生认为学习英语没有用、读书无用；学生受方言影响严重、听说能力差；学生接触的课外英语读物太少，知识面比较窄；学习英语氛围不够浓厚；留守儿童较多、学生调皮捣蛋等情况。这体现了受访教师对学生的学习情况及学习特点较为了解。

表3-9 初中生英语学习特点知识的情况

问题	选项	人数/名	百分比/%
Q11. 我了解初中生的身心发展特点和个体差异	完全不符合	1	0.95
	比较不符合	2	1.90
	有时符合	23	21.90
	比较符合	60	57.14
	完全符合	19	18.10
Q12. 我了解初中生语言认知发展特点	完全不符合	1	0.95
	比较不符合	2	1.90
	有时符合	26	24.76
	比较符合	59	56.19
	完全符合	17	16.19

2. 初中生英语易误解知识的具体分析

如表3-8所示,初中生英语易误解的知识Q13—Q15的均值分别是3.695、3.848、4.057。各选项所占百分比如表3-10所示,分析"比较符合"和"完全符合"这两个肯定性评价选项的有效百分比之和分别为64.76%、70.48%、81.91%。Q15的均值(4.057)和肯定性评价选项有效百分比之和(81.91%)都比较高,Q14的均值(3.848)和肯定性评价选项有效百分比之和(70.48%)较低,Q13均值(3.695)和肯定性评价选项有效百分比之和(64.76%)最低。这表明,农村初中新任英语教师能归纳学生容易犯的语言错误,并能给学生总结避免出错的方法;但是对学生特定英语概念的理解不是很清楚;对于初中生易出现的英语错误理解预知的不多,学生出错多在预料之外。

课堂观察和课后访谈也证实了这一点。在学生做英语角色扮演对话时,一位学生将"Where were you born?"说成了"Where was you born?",教师立刻示意学生停止练习,并更正助动词be使用的错误。在访谈中该教师表示,这类语法现象已经在课堂中反复解释,并做了不少的练习,没想到学生还会混淆were和was的用法。

在访谈中,这位教师道出其原因:"整个初中英语教学中,学生需要理解的概念较多,学生英语基础薄弱,教师教学任务繁重,没有足够多的时间去预测学生会犯什么错误,都是在学生考试之后发现错误,再给学生讲解纠错,还会总结一下此类的错误,给出一些避免下次出错的方法。"

表 3-10　初中生英语易误解知识的情况

问题	选项	人数/名	百分比/%
Q13. 我能清楚地了解初中学生对于特定英语概念的理解	完全不符合	2	1.90
	比较不符合	4	3.81
	有时符合	31	29.52
	比较符合	55	52.38
	完全符合	13	12.38
Q14. 我能够提前预知初中生易出现的英语错误理解	完全不符合	1	0.95
	比较不符合	3	2.86
	有时符合	27	25.71
	比较符合	54	51.43
	完全符合	20	19.05
Q15. 我能够归纳学生英语学习过程中常犯的错误，总结避免出错的方法	完全不符合	1	0.95
	比较不符合	1	0.95
	有时符合	17	16.19
	比较符合	58	55.24
	完全符合	28	26.67

3. 有关初中生英语理解水平的知识的具体分析

如表 3-8 所示，初中生英语理解水平的知识 Q16—Q18 的均值分别是 3.971、4.152、4.019。各选项所占百分比如表 3-11 所示，分析"比较符合"和"完全符合"这两个肯定性评价选项的有效百分比之和分别为 80.00%、83.81%、81.90%。这表明，大部分农村初中新任教师比较了解初中生英语理解水平的知识，这与前面提到的被试者对初中生英语学习特点知识的了解程度是成正比的。

在课堂观察中发现，教师与学生进行对话互动环节中出现这样的情况：

T：When is your birthday?（你的生日是哪一天？）

S1：My birthday is on October 3rd, 2006.（我的生日是在 2006 年 10 月 3 日。）

S2：My birthday is in yiyue.（我的生日在"一月"。）

从语法角度来讲，第一位学生的介词 on 使用对了，但是从语用角度来说这句话是错误的，应该改为"I was born on October 3rd, 2006."或者单独说"My birthday is on October 3rd."。但是教师却没有发现该同学表达的错误，仅仅关注介词 on 的用法。第二位学生对出生月份的读法不清楚，未能用英语说出其出生月份，简单地用汉语拼音 yiyue（一月）来代替 January。本以为教师会在这里下些功夫，教会学生正确的读法，可是教师只是用英语帮助那位学生说了一遍"My birthday is in January."，并没有进一步地让学生熟练其读法与用法。其实，"My birthday is in January."来回答也是不够明确的，应该具体到某一天才更加明确。例如，"My birthday is on January 3rd."。

课后的访谈中这位教师的解释是："学生已经学会正确使用介词 in/on，接下去还要讲很多知识点，我担心时间不够，就没有进一步让学生操练年、月、日的读法。"

课堂观察和访谈显示，农村新任英语教师多关注语法知识的学习，容易忽视学生所犯的语用错误，未能很好地发挥"支架"作用。新任英语教师在理论上知道应以学生的实际情况进行教学，但是在实际的课堂教学中是以教材的逻辑或语言的知识点为起点开展教学，不能够很好地基于学生现有的语言知识和学习经验实施教学。有些新任英语教师在英语课堂教学中实施的是整齐划一的教学方法，无法做到因材施教。

表 3-11　初中生英语理解水平的知识的情况

问题	选项	人数/名	百分比/%
Q16. 根据学生的理解水平，我可以将特定的英语教学内容分成不同的层次	完全不符合	1	0.95
	比较不符合	1	0.95
	有时符合	19	18.10
	比较符合	63	60.00
	完全符合	21	20.00
Q17. 我参考教师用书进行备课，同时充分考虑所教学生英语的实际水平	完全不符合	1	0.95
	比较不符合	0	0
	有时符合	16	15.24
	比较符合	53	50.48
	完全符合	35	33.33
Q18. 我充分了解所教年级学生的现有英语水平和发展需求	完全不符合	1	0.95
	比较不符合	0	0
	有时符合	18	17.14
	比较符合	63	60.00
	完全符合	23	21.90

4. 关于初中生学习英语的态度和动机的知识具体分析

如表 3-8 所示，Q19 初中生学习英语的态度和动机的知识的均值为 4.143。各选项所占百分比如表 3-12 所示，分析"比较符合"和"完全符合"这两个肯定性评价选项的有效百分比之和为 85.72%。说明农村初中新任教师清楚初中生的学习动机和学习态度对英语学习的重要影响。正如在访谈中被试者多次提到，农村学生英语基础差，对英语学习缺少动机，对英语学科不感兴趣。

表 3-12　初中生学习英语的态度和动机的知识情况

问题	选项	人数/名	百分比/%
Q19. 我清楚初中生的学习动机和学习态度对英语学习的重要影响	完全不符合	1	0.95
	比较不符合	1	0.95
	有时符合	13	12.38
	比较符合	57	54.29
	完全符合	33	31.43

5. 关于初中生英语学习策略知识的具体分析

如表 3-8 所示，初中生英语学习策略的具体分析 Q20 的均值为 4.095。各选项所占百分比如表 3-13 所示，分析"比较符合"和"完全符合"这两个肯定性评价选项的有效百分比之和为 82.85%。这在一定程度上说明大部分农村初中新任教师意识到学生英语学习策略培养的重要性。这可能与被试者在大学里接受的是英语师范专业的培养有关系，根据前面"是否是师范类"的调查可知，70.48% 的被试者是师范专业毕业的，师范专业职业教育的课程注重教会学生学习，即中小学生英语学习策略的培养。

但在听说课的课堂观察中笔者发现，听的环节主要是教师先处理听音中会遇到的生词与句型，然后播放听力，核对答案之后，教师让学生跟着录音机读。其实听力是一个复杂的心理过程，听力开始前教师为学生提供过多的帮助，学习了大部分相关的词汇及短语，虽然能够使学生更快听懂相关材料，但不利于学生利用上下文猜测材料表达的意思，不利于学生语篇意识的培养和对整篇文章的深刻理解，更不利于培养学生根据语篇、语气和语调感知、推测听力材料意思的能力，未能有效培养学生的英语听力技巧和学习策略。在学习的前期阶段，机械练习能帮助学生学习词汇、语法、句型，但当学生初步掌握了相关的语言知识后，教师应该增加难度，设计一些具有交际性的真实任务，为学生创设语言使用的环境，通过语言实践，提高英语交际能力。另外，在上课过程中，教师并没有向学生介绍手势语、体态语等语言交流的技巧和策略，未能有效地促进学生口语交际能力的发展。

从访谈中发现，农村新任教师对英语学习策略的了解不够，认为学习英语就是要"反复操练"英语句子和背诵单词，至于英语课程标准里规定的英语学习策略，包括认知策略、调控策略、资源策略和交际策略，他们不是很清楚。因此，在农村初中新任英语教师学科教学知识发展中，迫切需要开展英语学习策略的培训。

表3-13　初中生英语学习策略知识的情况

问题	选项	人数/名	百分比/%
Q20. 我注重学生英语学习策略的培养	完全不符合	1	0.95
	比较不符合	1	0.95
	有时符合	16	15.24
	比较符合	56	53.33
	完全符合	31	29.52

从表3-8的标准差数值上看，Q13"我能清楚地了解初中学生对于特定英语概念的理解"的标准差值最大，达到了0.810，这表明农村新任英语教师对初中英语特定英语语法现象和概念的理解存在着较大的差异性。标准差值最低的是Q18"我充分了解所教年级学生的现有英语水平和发展需求"，其标准差值为0.693，这表明了新任教师对所教年级学生的现有英语水平和发展需求了解的差异性较小。

综上所述，关于学生的知识这一维度，农村初中新任英语教师主要存在以下问题：①不了解初中生对特定英语语法现象及概念理解的情况。②不能够提前预知初中生易出现的英语错误。③理论上明白是以所教学生的现有水平进行教学，但是在实际的英语课堂教学中无法针对个体差异来因材施教。④对英语学习策略认识不足。

(三) 关于教学情境知识的具体情况分析

调查问卷中的维度三是关于教学情境的知识，包括10个问题，按其性质细分为英语社会、班级文化环境的知识（Q21、Q22），英语课堂教学情境的知识（Q23—Q27），师生关系的知识（Q28、Q29）和英语课外活动的知识（Q30）等不同的问题。教学情境的知识中，各问题的描述性统计量分析如表3-14所示。

表 3-14　关于教学情境知识的描述性统计量

	N	最小值	最大值	均值	标准差	方差
Q21	105	1.000	5.000	4.171	0.727	0.528
Q22	105	2.000	5.000	3.762	0.849	0.722
Q23	105	1.000	5.000	3.886	0.698	0.487
Q24	105	2.000	5.000	3.933	0.711	0.505
Q25	105	2.000	5.000	3.886	0.751	0.564
Q26	105	1.000	5.000	3.457	0.941	0.885
Q27	105	1.000	5.000	3.762	0.766	0.587
Q28	105	2.000	5.000	3.924	0.646	0.417
Q29	105	3.000	5.000	4.333	0.615	0.378
Q30	105	1.000	5.000	3.486	0.991	0.983

从整体上看，关于教学情境的知识在学科教学知识四个维度中均值最低。只有 Q21 和 Q29 的均值高于 4，其余的数值均小于 4，如表 3-14 所示。结果表明，农村初中新任英语教师语言教学中创设情境的意识不强、能力不足。下面从关于教学情境知识的具体情况进行分析。

1. 关于英语社会、班级文化环境知识的具体分析

如表 3-14 所示，英语社会、班级文化环境知识 Q21、Q22 的均值分别为 4.171、3.762。各选项所占百分比如表 3-15 所示，分析"比较符合"和"完全符合"这两个肯定性评价选项的有效百分比之和分别为 87.62%、62.86%。这表明农村初中新任英语教师清楚社会文化环境对英语教学的重要影响，但是对于如何通过校园班级文化建设来营造学习英语的氛围，却不是很清楚。造成这种情况的原因可能是被试教师对所教班级的文化建设重视不够。因此，学校在随后的发展中应该特别注重自身校园文化和班级文化的建设，这种隐性的课程更能促进学生和教师的同步发展。

表 3-15　英语社会、班级文化环境知识的情况

问题	选项	人数/名	百分比/%
Q21. 我清楚社会文化环境因素对英语教学有着重要的影响	完全不符合	1	0.95
	比较不符合	1	0.95
	有时符合	11	10.48
	比较符合	58	55.24
	完全符合	34	32.38
Q22. 我通过班级文化建设，营造学习英语的氛围	完全不符合	0	0
	比较不符合	7	6.67
	有时符合	32	30.48
	比较符合	45	42.86
	完全符合	21	20.00

2. 英语课堂教学情境知识的具体分析

如表 3-14 所示，英语课堂教学情境知识 Q23—Q27 的均值分别为 3.886、3.933、3.886、3.457、3.762，均小于 4。各选项所占百分比如表 3-16 所示，分析"比较符合"和"完全符合"这两个肯定性评价选项的有效百分比之和分别为 74.29%、80.95%、73.34%、46.67%、68.57%。Q23—Q25 的均值比 Q26 和 Q27 稍高一些，表明大部分农村初中新任英语教师能有意识地引导学生积极参与课堂活动，课堂气氛比较民主和谐，也能够为学生创设接近实际生活的语境，为学生创造使用英语进行互动的机会。但是在课堂观察和访谈中，农村新任教师认为学生英语基础差、水平低，更多的是让学生进行朗读对话，或者简单替换词汇进行操练，或者通过角色扮演进行对话练习。这说明新任英语教师虽然意识到英语学习中语言互动实践的重要性，但在实际教学过程中未能有效地创设语境，未能给学生设置有交际性的真实任务，显示出语言教学的实践性不足。

Q26、Q27 的均值及"比较符合"和"完全符合"这两个肯定性评价选项的有效百分比之和比较低。笔者在"When were you born？"的听说课的课堂观察中发现，教师课堂教学以汉语为主，有时就连课堂的一些简单指示语都无法全部用英语表达，如：请同学们看黑板、全班朗读对话等。有些课堂用语用英语说一遍之后，害怕学生听不懂，再把它译成汉语，如"Listen to the conversation."（听这个对话）、"All together."（大家一起来）等。对于语言知识点的解释都用汉语表达。在访谈中，农村新任教师表示，全英授课学生根本听不懂，按照学生的原话就是"老师在讲天书"，影响教学进度。

其实，教师受自身的英语语言水平制约，这是教师少用英语授课的最重要原因。另外，受访教师认为，用英语授课费力不讨好，学生理解不透彻，容易造成知识"消化不良"，直接用汉语讲解，授课更加省力、高效。但事实上，教师不使用或极少使用英语授课，无法优化学生的英语学习环境，不利于学生英语思维的发展。在很多情况下，教师在课堂中没有组织学生通过观察、探究等去发现问题、解决问题，学生不懂的地方，教师一般是直接给出答案。在访谈中我们了解到，农村新任教师认为学生英语学习能力差，若让学生通过观察、体验、探究等方法来学习，会浪费大量的课堂时间，导致无法完成教学任务。

通过问卷调查、课堂观察和访谈得出：①农村初中新任英语教师在英语课堂中无法用全英文授课。②近一半的新任教师无法有效组织学生通过观察、体验、探究等方法，提高学生学习英语的能力。

表3-16 英语课堂教学情境知识的情况

问题	选项	人数/名	百分比/%
Q23. 我驾驭课堂能力强，英语课堂不会沉闷或过于吵闹，我能引导学生积极参与课堂活动	完全不符合	1	0.95
	比较不符合	0	0
	有时符合	26	24.76
	比较符合	61	58.10
	完全符合	17	16.19
Q24. 我能够创造一种敢于参与、乐于表达、民主和谐的课堂环境	完全不符合	0	0
	比较不符合	5	4.76
	有时符合	15	14.29
	比较符合	67	63.81
	完全符合	18	17.14
Q25. 在英语教学中，我能够创设接近学生实际生活的语境帮助学生使用英语互动交流	完全不符合	0	0
	比较不符合	4	3.81
	有时符合	34	22.86
	比较符合	57	54.29
	完全符合	20	19.05

续上表

问题	选项	人数/名	百分比/%
Q26. 在英语课堂中我几乎全英文授课，用一些体态语，如手势语、姿态语、面势语等帮助学生理解	完全不符合	2	1.90
	比较不符合	12	11.43
	有时符合	42	40.00
	比较符合	34	32.38
	完全符合	15	14.29
Q27. 在英语教学中，我能够根据教学不同的情境组织学生通过观察、体验、探究等方法，提高他们的学习能力	完全不符合	1	0.95
	比较不符合	4	3.81
	有时符合	28	26.67
	比较符合	58	55.24
	完全符合	14	13.33

3. 师生关系知识的具体分析

如表3-14所示，师生关系知识Q28和Q29的均值分别为3.924、4.333。各选项所占百分比如表3-17所示，分析"比较符合"和"完全符合"这两个肯定性评价选项的有效百分比之和分别为77.14%、92.38%。这表明大部分农村初中新任英语教师关心学生，师生感情较好。新任教师刚从大学毕业，知识面广、精力充沛、充满青春活力，深受学生的喜爱。这些是新任教师的优势。

表3-17 师生关系知识的情况

问题	选项	人数/名	百分比/%
Q28. 我能够创设各种合作学习的活动，培养学生合作精神，促进师生情感交流，营造积极、宽松的教学氛围	完全不符合	0	0
	比较不符合	1	0.95
	有时符合	23	21.90
	比较符合	64	60.95
	完全符合	17	16.19
Q29. 我能够主动关心学生，与学生建立真诚、理解和信任的关系	完全不符合	0	0
	比较不符合	0	0
	有时符合	8	7.62
	比较符合	54	51.43
	完全符合	43	40.95

4. 英语课外活动的知识具体分析

英语课外活动的知识 Q30 的均值是 3.486，如表 3-14 所示。各选项所占百分比如表 3-18 所示，"比较符合"和"完全符合"这两个肯定性评价选项的有效百分比之和为 48.57%。Q30 的得分相当低。表明大部分农村初中新任英语教师无法组织学生开展英语朗诵、唱歌、讲故事等课外活动。农村新任教师在访谈中反映，虽然开展了课外活动，但涉及英语方面的活动很少。究其主要原因，一方面是因为学生对英语不感兴趣；另外一方面是没有英语教师对学生进行相关方面的指导。

表 3-18　英语课外活动的知识情况

问题	选项	人数/名	百分比/%
Q30. 我能够组织学生开展英语朗诵、唱歌、讲故事等课外活动，拓展学生学习英语的渠道	完全不符合	2	1.90
	比较不符合	14	13.33
	有时符合	38	36.19
	比较符合	33	31.43
	完全符合	18	17.14

从表 3-14 的标准差数值上看，Q26 "在英语课堂中我几乎全英文授课，用一些体态语，如手势语、姿态语、面势语等帮助学生理解"的标准差值最大，达到了 0.941，这表明农村初中新任英语教师对初中英语课堂用全英文授课的态度以及课堂表征形式存在着较大的差异性。标准差值最低的是 Q29 "我能够主动关心学生，与学生建立真诚、理解和信任的关系"的标准差值为 0.615，这表明大部分新任教师认为与学生建立良好关系是十分重要的。

综上所述，关于教学情境的知识，农村初中新任英语教师主要存在以下问题：①没有很好利用班级文化建设来营造学习英语的氛围。②在英语课堂教学中未能有效创设真实的语境。③在农村英语课堂中多用汉语组织教学。④无法有效组织学生通过观察、体验、探究等方法建构知识。⑤无法组织学生开展英语课外活动。

（四）英语教学策略的知识具体情况分析

调查问卷中的维度四是关于英语教学策略的知识，包括 10 个问题，其中普遍性策略知识包含教学组织策略知识（Q31）、激励策略知识（Q32）、提问策略知识（Q33）和评估策略知识（Q34），具体性策略知识包含语言技能教学策略知识（Q35—Q38）、语言知识教学策略知识（Q39、Q40）。关于英语教学策略的知识中各项测试题目的描述性统计量分析如表 3-19 所示。

表 3-19　关于英语教学策略知识的描述性统计量

	N	最小值	最大值	均值	标准差	方差
Q31	105	1.000	5.000	3.867	0.844	0.713
Q32	105	2.000	5.000	3.933	0.775	0.601
Q33	105	3.000	5.000	4.000	0.588	0.346
Q34	105	1.000	5.000	3.781	0.772	0.596
Q35	105	1.000	5.000	3.895	0.796	0.633
Q36	105	1.000	5.000	3.829	0.790	0.624
Q37	105	2.000	5.000	4.038	0.706	0.499
Q38	105	2.000	5.000	3.905	0.803	0.645
Q39	105	2.000	5.000	4.152	0.647	0.419
Q40	105	2.000	5.000	3.790	0.840	0.706

从整体情况看，英语教学策略的知识在学科教学知识的四个维度中平均分较低，仅略高于处于最低位置的关于教学情境的知识。以下从英语教学策略的知识的具体情况进行分析。

1. 普遍性策略知识的具体分析

从表 3-19 看出，普遍性策略知识 Q31—Q34 的均值分别是 3.867、3.933、4.000、3.781。各选项所占百分比如表 3-20 所示，分析"比较符合"和"完全符合"这两个肯定性评价选项的有效百分比之和分别为 66.67%、72.38%、82.85%、63.81%。Q32 和 Q33 的均值及"比较符合"和"完全符合"这两个肯定性评价选项的百分比之和比较大，而 Q31 和 Q34 的均值比较低，这在一定程度上表明：①农村初中新任英语教师具备一些激励策略知识和提问策略知识，在英语课堂教学中能利用网络信息资源、多媒体、音像、挂图、简笔画、模型、实物等多种方式辅助教学，激发学生学习英语的兴趣，同时也显示出农村新任教师具有多样化教学表征方式的意识和初步形态。②教学组织策略知识有所欠缺，主要是因为农村新任教师的教学组织能力有限，开展学生活动时会把控不住场面，课堂秩序混乱，因此他们宁愿保守一些，多些教师的讲授，少一些学生的活动。③农村新任英语教师的评估策略知识需要积累和发展，目前过于强调考试的价值而忽视学生核心素养的培养，以考试成绩作为评价学生英语学习效果的唯一手段。

表3-20 普遍性策略知识的情况

问题	选项	人数/名	百分比/%
Q31. 在英语课堂中,我能够有效地组织多种形式的课堂互动,如:全班活动、小组活动、同伴活动和个人活动	完全不符合	2	1.90
	比较不符合	0	0
	有时符合	33	31.43
	比较符合	45	42.86
	完全符合	25	23.81
Q32. 我能够合理利用网络信息资源、多媒体、音像、挂图、简笔画、模型、实物等多种教学资源,激发学生学习英语的兴趣	完全不符合	0	0
	比较不符合	3	2.86
	有时符合	26	24.76
	比较符合	51	48.57
	完全符合	25	23.81
Q33. 针对所教内容,我能运用有效提问的方法引导学生学习	完全不符合	0	0
	比较不符合	0	0
	有时符合	18	17.14
	比较符合	69	65.71
	完全符合	18	17.14
Q34. 除测试外,我还会采取其他关注学生学习过程的课堂评价方式	完全不符合	1	0.95
	比较不符合	1	0.95
	有时符合	36	34.29
	比较符合	49	46.67
	完全符合	18	17.14

2. 具体性策略知识的分析

如表3-19所示,具体性策略知识包括语言技能教学策略的知识(Q35—Q38)和语言知识教学策略的知识(Q39、Q40),Q35—Q38的均值分别是3.895、3.829、4.038、3.905。各选项所占百分比如表3-21所示,分析"比较符合"和"完全符合"这两个肯定性评价选项的有效百分比之和分别为73.33%、71.43%、80.95%、72.38%。从表3-19看出,Q39和Q40均值分别是4.152、3.790。各选项所占百分比如表3-21所示,分析"比较符合"和"完全符合"这两个肯定性评价选项的有效百分比之和分别为87.62%、65.71%,表明大部分农村初中新任英语教师具备一定的语言技能教学策略知识和语言知识教学策略的知识。这与70.48%的被试者属于师范专业有关。他们在大学期间得到了专门的英语学科职业教育培训、师训以及教育见习和实习,为进入工作岗位奠定了基础。但是,现实是教学对象发生了变化的农村地区的初中生,农村新任英语教师如何灵活利用自身具备的语言技能教学策略知识和语言知识教学策略的应然知识,转变为学生易于理解和掌握的实然知识呢?这也是农村初中新任英语教师在学科教学知识发展中必须要思考的一方面。

表3-21 具体性策略知识的情况

问题	选项	人数/名	百分比/%
Q35. 在听力和阅读教学中,我会在学生听或读之前渗透与材料相关的背景知识,组织学生对所要听或读的材料的内容进行预测	完全不符合	1	0.95
	比较不符合	3	2.86
	有时符合	24	22.86
	比较符合	55	52.38
	完全符合	22	20.95
Q36. 在说的教学中,我会设计说的任务,使学生参与到交际活动中来,通过任务的完成,提高学生的语言表达能力	完全不符合	1	0.95
	比较不符合	4	3.81
	有时符合	25	23.81
	比较符合	57	54.29
	完全符合	18	17.14
Q37. 在阅读教学中,我会引导学生使用略读(skimming)和寻读(scanning)策略来获取信息,既关注语篇知识的讲授,又关注语言知识的学习	完全不符合	0	0
	比较不符合	2	1.90
	有时符合	18	17.14
	比较符合	59	56.19
	完全符合	26	24.76
Q38. 在写作教学中,我注重学生的写作过程,并在写作过程中给予指导	完全不符合	0	0
	比较不符合	5	4.76
	有时符合	24	22.86
	比较符合	52	49.52
	完全符合	24	22.86

续上表

问题	选项	人数/名	百分比/%
Q39. 在英语教学过程当中,我注重学生英语知识的积累和学习方法的指导,努力培养学生的学习能力	完全不符合	0	0
	比较不符合	1	0.95
	有时符合	12	11.43
	比较符合	62	59.05
	完全符合	30	28.57
Q40. 我能指导学生围绕一定的话题,通过语言互动实践加深对英语语言与文化的理解	完全不符合	0	0
	比较不符合	7	6.67
	有时符合	29	27.62
	比较符合	48	45.71
	完全符合	21	20.00

从表3-19的标准差数值上看,Q31在英语课堂中,"我能够有效地组织多种形式的课堂互动,如:全班活动、小组活动、同伴活动和个人活动"的标准差值最大,达到了0.844,这表明该项在农村初中新任英语教师在英语课堂中,存在着较大的差异性。标准差值最低的是Q33"针对所教内容,我能运用有效提问的方法引导学生学习",它的标准差值为0.588,这表明了新任教师对所教内容,能运用有效提问的方法引导学生学习的差异性较小。

综上所述,关于英语教学策略的知识,农村初中新任英语教师主要存在以下问题:①教学组织策略知识有所欠缺。②评估学生学习效果的手段比较单一。③所了解的语言技能教学策略知识和语言知识教学策略知识多停留在理论层面,在落实到实际教学中存在困难。

四、农村初中新任英语教师学科教学知识发展的制约因素

在调查问卷的第三大题开放型问卷题目中设置了两个问题:您在专业发展方面遇到哪些困难?您认为新教师应该采取哪些措施,才可以更有效地促进英语教师学科教学知识的发展?目的是了解农村初中新任英语教师在学科教学知识发展中遇到哪些困难,以及农村新任教师自身学科教学知识发展的愿望。

我们从105份有效调查问卷里筛选出回答了此道题的72份问卷,并归纳出制约农村初中新任英语教师在学科教学知识发展的因素,大致可以分为

以下四类。

(一) 农村初中生英语学习兴趣不高

调查中发现，大多数农村新任英语教师认为，学生的英语基础不牢固，英语学习兴趣不浓是影响其学科教学知识发展的重要原因。例如，一些被试者指出，许多学生英语学习存在以下问题：英语学习兴趣不高；认为学英语没有用；厌学情绪严重，心理问题较多；英语基础差，学风不浓；特别是男生，感觉读英语有些别扭，不愿意学习；农村学生发音受方言影响，不爱背诵单词。

农村学生英语基础薄弱，且没有城市学生丰富多彩的课后学习辅导，普遍对英语学习兴趣不浓。这些因素制约着新任教师组织教学活动和选择教材内容及教学方法。

教学相长，新任教师对学生的感知影响了教师学科教学知识的发展，正如一位被试者在问卷中写道："一直以来我们学校学生基础很差，老师的心思重点在教育管理方面，教学方面不需费太大功夫，学生压根都没学那么多，极少部分学生学而已，只能针对性教学。"学生英语基础不好，无法配合教师的教学，直接影响了新任教师进取的动力和热情。朱晓燕的研究表明，关于学生的知识对新任教师专业发展至关重要，能有力地促进教师学科教学知识其他方面知识的发展。[①] 周燕在对外语教师发展条件与过程的研究中也显示，学生的要求和期待是促进教师反思和发展的重要条件。[②] 积极进取的学生能够更好地激发教师的教学热情，促进教师反思及更新知识结构，调适教学策略，提升教学技能。农村初中生英语基础薄弱，学习积极性对新任英语教师学科教学知识发展有着负面的影响，阻碍了英语教学质量的提高。英语课程改革必须关注并培养学生适应现代社会发展要求的英语能力，提高教师在多元文化环境下的教学能力。[③] 如何帮助农村新任英语教师应对好农村现实背景下的英语课堂教学，是一个亟待解决的问题。

(二) 教师语言教学经验不足

在选取的案例中，大部分农村初中新任英语教师的教龄少于或等于5

---

① 朱晓燕. 中学英语新教师学科教学知识的发展 [M]. 南京：南京师范大学出版社，2004.

② 周燕，曹荣平，王文峰. 在教学和互动中成长：外语教师发展条件与过程研究 [J]. 外语研究，2008 (3)：5-55.

③ 赵晓光. 教师如何生成学科教学知识 [N]. 中国教育报，2018-06-28 (007).

年，教学经历和体验较少，直接影响着他们对英语教学的理解和教学策略的选择。例如部分被试者是这样描述自己的困难："因为教学经验尚浅，在新知传授过程中，有时对重难点的把握不是很好，课堂中突发事件的处理能力也还有待提高。""我觉得现在乡下的学生学习英语的兴趣不高，我自己教授英语的方法可能不是那么好，不太能提起学生对英语学习的兴趣，导致英语教学工作越来越难做。作为英语教师，应该根据学生的实际情况，多思考如何上课才能让学生在快乐中学习，而不是以一个很疲惫的状态上课。""对教学、教材的重难点不能很好地把握，授课时间与授课内容不对等，学生无法很好地掌握知识，导致授课进度延误。""英语写作教学不知从何下手，不知如何去提高学生的写作水平。""学生的能力层次不同，给整体教学和个体教学造成了难度。""存在如何让学生真正记住单词、提高听力的困惑。""教学法方法还不够成熟，课堂活动设计的衔接不够自然。"

教师学科教学知识的发展不是学科知识和教学知识简单的叠加，它是教师通过学习、教学实践、教学反思等专业活动日渐积累起来的。因此，教学经历和体验是新任英语教师发展自身学科教学知识的必要条件和因素。新任教师要不断从教学实践中总结经验，深刻反思，从而形成自己的知识储备。除了必须具备的教学知识、能力、技巧、经验外，教师还必须具备对英语教学目标、教学方法等问题的探究与处理能力，以及自我发展意识、自我发展能力，要成为反思型教师。①

（三）教师外出进修学习机会较少

教学是一项独立性很强的工作，大多数情况下教师要独立设计教学，按照自己的思路开展教学。教师是课堂中相对独立的组织者和决策者。从这一点而言，教师是个性化的群体。同时，教师又是社会化的群体，他们不能完全依靠自己闭门钻研，还需要和同事、学生交流。② 调查发现，农村教师除了向自己学校有经验的教师学习之外，还希望走出自己的小圈子，到其他学校观摩优质英语课、学习先进的教学理念。

正如被试者写道："由于条件限制，教师在自我充电方面有困难，应该给教师提供更多的学习机会。""组内有很多优秀的老教师，年轻教师应该多问、多学、多听。""我认为新教师应该多向老教师请教。""我觉得自己应该多观察、勤动脑，多学习其他教师可取的教学方法。""新老教师间应该多

---

① 鱼霞. 反思型教师的成长机制探新 [M]. 北京：教育科学出版社，2007.

② 赵晓光. 教师如何生成学科教学知识 [N]. 中国教育报，2018 - 06 - 28 (007).

上公开课，互相交流学习，多开展观摩课进行学习。""新教师应该多向老教师学习，多听课，多参加比赛，让自己不断地成长。""与学生们多交流，破除其知识难点。向有经验的教师多学习。""希望可以多参加培训，有更多的听课机会。""多听优秀教师的课，向有经验的教师学习。""积极参加各种英语培训，不断反思与总结，不断学习吸取新知识。""新任教师应多与有经验的老教师交流学习，多听优秀教师的课，多参加专业培训，对提高教学水平有好处。""多观摩学习优秀教师的教学活动。""教师在教的过程中也要不断吸收新的知识，扩充自己的知识储备，遇到问题多与有经验的教师交流。课下要多与学生进行交流沟通，听取学生的建议，多关爱学生并建立良好的师生关系。""需要多听课，或让有经验的老师来听课并提出中肯的评价和建议，有机会可以外出学习参观。""希望能够有更多的机会到外面学习先进的教学经验，向优秀的老师学习。""没有多少机会参加最新教学教研交流会，不能很好掌握最新教学动态。""咱们学校缺乏一些与外界沟通交流的机会，学习英语环境不够浓厚。建议增加英语教学先进资源的引进和投入，多给老师提供出去交流学习的机会。""增加英语教师外出交流学习的机会，学习外面先进的教学方式，改变陈旧教学方法。"

近年来，国家加大对农村教师专业发展的支持力度，很多农村教师有外出培训的机会。但是相对而言，农村初中新任英语教师很多时候是依靠自己的教学反思来提高教学技能，外出学习及与优秀教师交流的机会较少，这影响了新任教师学科教学知识的发展。社会文化理论认为，学习者的知识是通过人与社会的互动而构建起来的。农村新任英语教师学科教学知识的发展也需要从教师学习群体中汲取营养，从优秀教师或教育专家那里获得启发与激励。因此，构建有利于农村初中新任英语教师专业发展的学习与工作环境显得尤为必要。

（四）教师工作动力不足

由于农村初中新任英语教师对教师职业认识不够，面对职业追求的理想和现实冲突，他们容易陷入焦虑、紧张、迷茫的状态。正如被试者描述的那样："英语教学任务重，课堂管理不顺，感觉身心疲惫，处于亚健康状态，有时甚至对教学管理工作产生倦怠，专业发展困难。"

课堂发生突发事件时，新任教师常会感到无助和恐慌。农村学生英语基础差，不爱学习的状况多，留守儿童的心理问题不少，这些问题令新任英语教师感到焦虑和迷茫，时常抱怨甚至想放弃。农村初中新任英语教师需要尽快适应教学改革的新形势和新要求，积累经验，提高教学技能，才能更好地解决现实教学中的问题，提升教学质量。

多数农村初中新任英语教师希望通过向优秀、有经验的教师学习，外出进修、培训以及观摩优质课来促进自身学科教学知识的发展。还有的新任教师认为可以通过网络学习、研读教材、改善教学方法、采用先进信息技术教学、参加英语课堂教学比赛、增加设备投入、听取学生意见、不断总结和反思自身的教学、分层教学、学校开展教师读书活动、与城市英语教师交流等方式，促进教学水平的提高。农村新任教师正处于职业发展的起步期和适应期，更是其学科教学知识是否得以发展的关键期。这一阶段的发展状况，影响教师今后职业成长与发展，所以应该引起全社会的关注。

第四章　农村初中新任英语教师学科教学知识发展策略

我们的调查结果显示，农村初中新任英语教师学科教学知识发展存在诸多的问题。四个因素中，关于教学情境的知识掌握最不理想，关于英语教学策略知识较差，关于学生的知识和关于英语学科知识相对较好一些。关于英语学科知识方面，农村初中新任英语教师虽然意识到英语具有工具性和人文性的双重性质，但在实际的课堂教学中没能体现出对文化知识的介绍及渗透；教师平时阅读专业书籍、英语教学研究杂志较少，缺乏对英语教学的研究前沿和发展动态的了解。关于学生的知识方面，农村初中新任英语教师不清楚初中生对特定英语概念是否理解；不能预知初中生易出现的英语错误；理论上依所教学生的现有水平进行教学，但实际对英语学习策略认识不足，无法针对学生的个体差异因材施教。关于教学情境的知识方面，教师没有很好地利用班级文化建设来营造学习英语的氛围；在实际英语课堂教学中未能很好地创设真实的语境；多用汉语组织教学；无法有效地组织学生通过观察、体验、探究等方法建构知识；很少组织学生开展英语课外活动。在英语教学策略的知识方面，教师教学组织策略知识有所欠缺；评估学生学习效果的手段比较单一；了解的语言技能教学策略知识和语言知识教学策略知识多停留在理论层面，难以将理论落实到实际教学中。由此可见，农村初中新任英语教师刚从大学毕业，所学的英语专业知识和所掌握的教学技能还难以自如地应对复杂、繁重的基础英语教学任务。

农村初中新任英语教师是一个特殊的社会群体，需要社会对他们的专业发展给予更多的关怀。学科教学知识是在具体的教学过程中，教师通过不断地实践与反思逐渐建构起来的。应加强农村初中新任英语教师职后教育，提高其实践成长的自觉性，增强他们的自主学习意识，不断更新其自身的学科教学知识，将理论知识转为实践智慧，促进教师学科教学知识的发展。基于对农村初中新任英语教师学科教学知识的探讨，结合本研究的调查结果和发现的问题，综合农村初中新任英语教师学科教学知识发展需求，笔者提出以下几个农村初中新任英语教师学科教学知识发展的策略和建议。

一、优化农村中学教学资源配置，完善新任教师发展机制

农村教育是否振兴事关我国基础教育改革的成败，政府要加大对农村中学的支持力度，加大经费投入，优化农村中学教学资源配置，提高农村中学的办学条件。农村中学要合理开发和积极利用课程资源，能更有效地实施英语课程标准。根据英语学科的特点，教学卡片、教学挂图、模型、录音机、音像、多媒体教学软件、视听资料、多功能教室等硬件的配备是非常必要的。农村中学应在积极推进学校标准化建设和实现区域内基础教育均衡发展的形式下，科学、规范地创设教学环境，以缩小城乡之间、学校之间的差距，促进义务教育均衡发展。

农村中学应不断完善教师发展机制。在教师培训前要与师范院校和培训机构进行有效沟通，根据农村中学英语教师的需求量身定制培训计划。教师培训要面向全体，做到城乡教师培训均衡化。教育主管部门还应有针对性地举行培训，强化管理，让参与培训者带着任务去培训，提升农村初中新任英语教师的专业水平和教学技能，提高教师的自主专业发展能力，促进其学科教学知识的发展。农村中学要注重建立促进教师提高和学生发展的评价体系，注重形成性评价，关注学生的学习过程和核心素养的培养。评价应侧重关注学生自信心的建立和学习能力的培养，努力促进学生进步，提高合格率，转化学困生，避免用考试成绩作为评估学生学习效果的唯一手段。另外，农村中学学校管理者需要深入教师群体，关注教师的感受，了解教师的需要，倾听教师的声音，切实解决教师的实际困难，为教师提供各种发展锻炼的机会，对教师给予真诚的鼓励和支持，让教师感受到农村学校特有的温暖和热情。营造良好的人际氛围，发挥教师群体的互助功能，建立起教师之间的教学纽带和情感纽带，增强农村学校教师队伍的凝聚力和向心力，将"单打独斗"的各类农村教师凝聚起来，增强其归属意识与发展动力。校长和学校其他领导要关心和信任新任教师，多鼓励、多帮助和支持新任教师，多召集新任教师开座谈会，鼓励新任教师在会议上畅所欲言，交流工作得失、生活感悟、理想愿望等。校领导应认真倾听，及时表扬鼓励先进。对于教师工作生活中的困难，学校应尽量为他们解决，让新任教师体会到学校领导真心实意的关怀，建立新任教师和学校及学校领导之间的互相信任，提升新任教师的工作动力。

农村中学应不断更新教师理念，健全教师培训机制和评价机制。农村初中新任英语教师初为人师，虽然学习并掌握了一定的语言教学理论，但需在不断的教学实践中更好地理解教育的本质及意义。农村教师是农村教育普及

及改革的中坚力量。农村新任英语教师要更新观念，尽快适应农村基础教育发展的需求，尊重学生的差异，发展学生的跨文化交际能力，坚持面向农村，服务经济，不求人人升学，但求人人成才的价值观与质量观，全面提高学生素质，在教书育人的过程中更好地促进专业发展。

二、关注农村新任英语教师成长，提高教师自我发展能力

我们在调查中发现，大多数农村初中新任英语教师在教学中缺乏实践经验。农村初中新任英语教师平时阅读专业书籍、学术期刊较少，对英语教学的研究前沿和发展动态了解不多，还需发挥新任教师的主观能动性，加强研修，强化其学习与发展意识，增强其自我发展的能力，不断提升教师的专业水平和从教能力。在如今的学习型社会中，学习成为人生的第一需要和重要的生活方式。农村新任英语教师要学习《中学教师专业标准（试行）》中教师专业发展的基本准则，深入学习《义务教育英语课程标准（2011年版）》，经常阅读北京师范大学主办的《中小学外语教学》和华东师范大学主办的《中小学英语教学与研究》等权威的基础英语教育研究专业学术期刊，更新教育理念，提升英语教学知识与技能，才能在教学过程中更合理地安排教学内容。教师的主要职责是教学，每一位教师都要熟练掌握所教学科的知识和技能，当教师掌握的专业知识远远超过教学内容所需的知识时，教学才能融会贯通，游刃有余。①

另外，农村初中新任英语教师还应多利用网络信息资源，拓展自己的视野，才能更好地适应教学的需要。计算机和网络技术的发展，给人们的阅读习惯带来了很大的变化。依托电子技术和互联网的电子文本，已经成为当今人们阅读的媒介。互联网已经成为教师获取知识、拓宽视野、提升专业能力的有效途径。对于农村新任英语教师而言，平时缺乏学习交流，很少接触教育教学研究的前沿，长期封闭的教学环境束缚着他们的自我成长。网络为农村教师搭建了一个极好的发展平台，可以在网络中阅读英语教育教学理论书籍，在教育论坛中讨论教育教学的热点问题，还可以把自己英语教学中的困惑与收获写下来，与同行分享，接受专家的指导。可以观看英语名师的教学视频，学习名师英语课堂组织方式以及知识传授方法，提高英语教学技能。让自己与城里优秀的英语教师站到一起，及时了解教育教学的资讯、教改课

---

① 王佰铭. 教师实践智慧的积累与提升 [M]. 西安：陕西师范大学出版社，2010.

改的最新理论，了解英语国家的文化，充实新任教师自身的跨文化知识。但是网络内容良莠不齐，网络交流的随意性也使得网络是一把双刃剑。因此，新任教师必须形成良好的学习习惯，学会选择网络资源的内容，控制、把握好学习方向，还要注意反思及留存心得体会，这样日积月累才能达到学习成长的目的。

农村初中新任英语教师要多读书、充分利用网络资源，开阔自己的视野，才能使自己的教学内容更丰富、更精彩、更能引起学生的兴趣。因此，新任教师必须选择适合自己需要的学习内容和形式，并努力实现所制订的目标。除了懂语言教学理论、语言学、文学、教学语言、教育心理学和普通教育学之外，还得把各种知识和技能综合起来，灵活地运用于英语教学之中。农村初中新任英语教师要因材施教，为学生创设英语学习的情景，将教学理论应用到教学实践当中，将课程教授的知识转化为学生可学的知识，促进学生综合语言运用能力的发展，促进教师自身学科教学知识的发展。

三、坚持课堂教学以学生为中心，提升教师语言教学技能

农村新任英语教师在教学过程中要尊重学生的认知发展规律，使语言教学方法与学生的学习方式、生活方式及农村环境相适应，更好地满足知识发展、学生发展与社会发展的需要，提高学生的综合素质。如前面分析，农村学校教学条件和教学方式与城市学校不同，这就需要农村教师在教学方法方面有所转变。农村不少学校的教师还是一味地要求学生死记硬背，搞题海战术，这不利于学生英语交际能力的提高。我们认为，农村初中英语教学要注重发展学生的英语自学能力，培养他们自信、乐观、尊重他人以及追求个人卓越的素质。教师要以学生为发展中心，转变过去的一支粉笔、一块黑板、一本教案一讲到底，"满堂灌""死记硬背""加班加点"完成教学任务的教学方法，改变师生"两耳不闻窗外事，一心死啃教科书"的封闭教学方式，采用现代化的教学手段辅助英语教学，通过语言互动、知识探讨、实践体会，活跃学生思维，让农村教师激发学生英语语言文化求知欲，充分发挥学生的主体地位与教师的主导作用，努力实现从教书匠向研究型教师的转变。

从认知理论来看，外语学习是新旧知识不断结合与转化的过程，这有赖于学习者的主动参与和积极构建。英语教学过程中，农村初中新任教师必须要充分尊重学生的差异，基于学生的发展需求和认知特点开展语言教学工作，才能更好地提高英语教学质量，同时加深对学生的了解，丰富自身学科教学知识中关于学生的知识。农村学生的英语基础相对薄弱，很多学生觉得

学习英语用处不大，对英语学习不感兴趣，这使新任英语教师的教学工作受阻。教师在英语教学中应当坚持以学生为中心，关注农村学生的个体差异，转变教学方式，优化课堂教学，才能更好地提高教学效率，提高教师的理论水平和教学实践智慧。以学生为中心，转变教学方式，必须做到以下几件事情。

第一，因材施教。在调查中我们发现，农村新任英语教师在意识上明白是以所教学生的现有水平为基础进行教学，但是在实际的英语课堂教学中，许多新任教师不能预知学生易出现的英语错误，也不清楚学生对特定英语概念是否理解，无法针对个体差异来因材施教。课堂上如果教师不了解不同层次学生的需求，就不能有效地指导学生学习，有些学生就会产生厌学情绪。农村新任英语教师要在教学实践中不断积累经验，了解学生英语易犯错的语言知识点，创设语言学习情境，让学生在真实的语言互动中不断构建新的英语语言知识。新任教师要了解学生的全面情况，以学生的英语基础为依据开展分层教学，随着学生学习的进步可以上下浮动，转变教学策略。B层的学生经过努力可以上升到A层，A层的学生如果感到吃力可自愿下移到B层，根据学生本人实际情况自愿调节，直至找到自己最佳的学习状态。值得注意的是，新任教师需要潜心设计教学任务，了解学生英语易误解的知识，清楚学生对哪些英语概念容易误解，才能有的放矢地开展语言教学。比如，英语语法中的动词不定式，就可能是学生不了解的一个概念，因为在汉语中没有不定式的语法范畴，学生的先前经验缺少动词不定式的理解，这就需要新任英语教师在课堂教学中对比中英文表达差异，通过呈现不定式的表达特点，让学生语言交互活动中练习使用含有不定式的各种表达，让学生在语言交际中逐渐掌握不定式的表达。新任英语教师还应提前预知学生易出现的英语错误。比如，在教授学生现在进行时态的时候，学生会把"He is doing his homework."写成"He doing his homework."，漏掉了be动词，如果教师能够预知学生的这种错误，就能让学生更好习得英语现在进行时的知识。当然，课堂教学充满了不确定性，教师无法完全掌握每个学生的学习困难，但如果教师熟悉所教的内容知识，了解学生，就能更好地帮助学生化解困惑。因材施教，可以更好地提高英语教学质量，同时促进农村新任英语教师通过反思与实践，提升语言教学技能。

第二，注重英语学习策略的训练。我们在上一章的调查结果和分析中发现，农村初中新任英语教师能意识到培养学生英语学习策略，但是在实际的英语教学中，新任教师给学生介绍的英语学习策略缺乏针对性，对于成功学习者使用的学习策略，如既关注语言形式又关注语言意义、理解并主动参与语言学习、灵活运用语言学习策略等没有给予关注①。新任教师可以把学习策略中的认知策略、调控策略、交际策略和资源策略的训练渗透到英语教学之中，通过举例、演示等方式向学生介绍，让学生通过语言互动、实践体验和使用教学策略，增强学生学习英语的信心，培养学生积极的自我效能感，激发学生英语学习动机，提高语言习得效果。

第三，关注学困生。对待英语学困生要有耐心，应了解他们的情感，了解他们的困难，积极研究英语学习策略并在教学中渗透学习策略的培训，促进学习潜能偏低或智力发育迟滞的学生的学习，减少他们学习的困难。② 教学过程中教师要注重培养学困生学好英语的信心，让他们体会英语学习的获得感和成就感，哪怕只是取得一点点进步，教师也不要吝于对他们积极的评价，适度的鼓励和表扬有助于激发学困生学习英语的积极性，提高其英语学习成绩。

第四，组织学生开展自主学习和小组合作学习。调查发现农村初中新任英语教师无法有效地组织学生通过观察、体验、探究等方法建构知识，主要是因为新任教师认为学生没有自主学习及合作学习的能力。新任教师应该相信学生，培养学生独立思考和合作的精神。教师在解释新知识时，不要急于把所有新知识都灌输给学生，注意给学生留白，让学生通过观察、体验、探究等行为，最后构建出自己的知识体系。再有，可以把全班学生分成几个合作小组，组员包括各个层次的学生，让每位学困生身边都有一位小助手。合作小组可以承担多种功能，比如预习质疑功能，让小组把预习时碰到的疑难问题收集起来放在讲台上，这样既促进小组合作预习，又帮助教师授课把握疑难点，同时节省了时间。再比如，合作表演功能，如果表演难度大，可以规定每组表演的固定日期，这样小组可以提前做好各种准备，诸如提前学习句型和台词，让老师或优等生辅导等。这种多功能的合作可以增强团队意识，使学生各尽所能，互相学习。

四、发挥专家引领作用，促进教师学科教学知识构建

周利君认为，在专家的引领下，通过同伴互助、实践反思等方式解决英

---

① 赵金铭，齐沪扬，范开泰，等. 第二语言习得研究 [M]. 北京：商务印刷馆，2009.

② 程晓堂，郑敏. 英语学习策略 [M]. 北京：外语教学与研究出版社，2002.

语教学中的问题，可以较好地促进英语教师学科教学知识发展。① 要充分利用好高校教授、中学英语学科带头人和骨干教师等专家在英语教学中的"领头雁"作用，在教学问题探究、教学实践、教学反思等环节发挥专家的"支架"作用，以课堂、学校和社会为主阵地，由专家、同行、学生和任务形成的发展共同体，提供学科教学知识发展指导和发展支持，构成螺旋上升的教师专业发展路径，激发新任教师的发展意识，促进新任英语教师学科教学知识的发展与提升，切实全面提高农村初中英语的教学质量。

（一）专家引领同课异构，唤醒教师学科教学知识发展意识

所谓同课异构，就是课堂教学的内容相同，由教师按照教材特点、学生的发展需求和具体的教学情境进行不同的设计，开展教学。同课异构有助于教师在专家的指导下比较、分析课堂的异同，反思教学，让上课的教师明白自身的不足及优势，明确努力的方向，是促进教师学科教学知识发展的有效途径。组织农村初中新任英语教师参加城乡结合"两人同课异构""一人同课多轮"和"多人同课循环"等多元构课活动，由专家团队对不同的教师及不同课型进行评价，同时开展网络研讨，通过 QQ 群或微信群围绕"同课异构"活动中教师的表现及问题展开讨论。新任英语教师也可以就上课遇到的困难提出问题向专家请教，专家通过诊断、评价与新任教师展开对话交流等方式，引发新任教师反思，唤醒其学科教学知识发展意识，促进教师专业发展。

社会文化理论中有关学习有两个重要概念，即最近发展区理论和支架理论，对新任教师专业发展有着重要的启示。在同课异构活动中，通过辩论式评课以及专家点评等活动，教育专家和优秀英语教师可为农村新任英语教师搭建"脚手架"，教育专家可以在英语教学理论和实践上指导新任英语教师，优秀教师可以通过示范、演示引导新任教师，使新教师明确自己的不足和努力的方向，激发新任教师潜能。在专家的指导和帮助下，通过与其他教师互动与合作，取得更大的进步，尽可能达到最近发展区的最高水平。利用好同课异构活动，聚焦农村初中新任教师英语课堂教学问题和农村学校英语学科发展的困难，准确定位新任教师自主发展和合作发展需求，能有效激活新任教师已有的学科教学知识，激发农村初中新任英语教师学科教学知识发展的内动力。

---

① 周利君. APAR 教师专业发展模式本土化中观应用与思考［J］. 中小学外语教学，2017（8）：18-23.

(二) 专家引领问题探究，更新教师原有学科教学知识结构

同课异构、观课、议课可以很好地唤醒新教师学科教学知识的发展意识，激发他们探索英语教学问题的兴趣。教育主管部门和学校可以组织基于教学问题研讨的英语教研活动，在专家的指导下，由农村初中新任英语教师提出其急需解决的英语教学问题，确定研究的主题，如农村初中英语词汇学习策略研究、初中英语读写一体化研究、农村初中英语口语教学策略研究、农村初中写作教学策略、对话教学设计、阅读教学设计、听说教学设计等专题。通过专家讲座、名师示范指导等环节，帮助农村新任英语教师重构教育教学知识，更新农村教师教学理念，丰富语言教学策略、教学情境等知识，重构教师原有的学科教学知识结构。经常组织专家团队、有经验的英语教师与农村新任英语教师一起座谈，分享、讨论分析农村教学的问题结症，比如新任英语教师在教学中如何创设语境，在语境中提升语言技能及掌握语言知识，如何提高农村学生英语学习兴趣，如何组织学生进行合作学习等。最后帮助和指导农村新任英语教师开展基于输入内容的分析、判断、争辩和总结，进行初加工，更新新任教师原有的知识，等待下一环节的实践运用。通过讲座研讨、座谈会和教学观摩等活动，深化农村初中新任英语教师对教学本质的理解，规避了传统教师专业发展中"易受训而不易内化"的弊病。社会文化理论认为，内化不是一个被动吸收的过程。"在专业学习共同体构建中增加教师的社会互动"[①]，促使农村新任英语教师进入所处的文化和社会情境之中进行互动，通过教师间的交流、启发，增进对学科教学知识的理解，促使学科教学知识内化，促进教师专业发展。

(三) 专家引领教学实践，强化教师学科教学知识实践应用

建构主义者认为，人对客观世界的理解与认识是个人决定的，是个人通过经验与实践建构起来的。教师的学科教学知识并非全部通过传授获得，基于专家引领的教学实践能更好地促进农村初中新任英语教师学科教学知识发展，促使新任教师更快成长。经过大学专业学习、专家讲座和其他教研活动，农村初中新任教师已经积累了不少的学科教学知识。但是还需大量的教学实践，理论与实践结合，才能更好地深化对学科教学知识的理解。学科教学知识由教师通过重组自己的学科知识以及关于学生的知识、课堂文化和课

[①] 石艳. 教师知识共享过程中的信任与社会互动 [J]. 教育研究, 2016, 37 (8): 107-116.

程知识形成，在重组过程中教师也加入了自身的价值观和对学科教学的看法。① 新任英语教师语言教学实践中，可以运用所获得的学科教学知识，通过反复的实践、体验和检验，才能更好地基于学生认知特点和能力，将语言教学内容转化为"可教的知识"和"易学的知识"，在应用环节中促进学科教学知识发展。建构主义理论提倡教师是知识的建构者、创造者而不是知识的被动接收者和应用者。新任教师的学科教学知识正是在这种不断的教学实践中形成自己独特的教学思维方式，有效地促进自身学科教学知识的发展。可以说，教师的学科教学知识是由"外来"知识和自身实践建构的知识共同构成的。

（四）专家引领实践反思，推进教师学科教学知识全面发展

许多农村初中新任英语教师缺乏教学经验，未能有效地运用教学策略应对复杂多变的语言教学，专业发展意识不强，这些因素都会对他们的学科教学知识发展起到抑制作用。农村初中新任英语教师需要专家的引领与指导，培养教学问题意识和反思意识，提升他们的研究能力，加深其对语言教学的理解，促进教师学科教学知识发展。新任英语教师应多向专家或优秀教师请教，在语言实践后与专家团队、同行教师进行分享和交流，认真审视、思考相关知识和策略在英语教学实际中的可行性，和专家或同行研讨课堂教学实践中遇到的新问题。教师可以通过撰写说课稿、相关论文或教学日志等方式，思考分析语言教学的过程和出现的问题，反思语言教学的整个过程，批判性地审视教学，在专家的指导下提出改进教学的策略，为进入再实践及学科教学知识发展提供动力源。

根据社会文化理论中的中介理论，知识是通过中介得到提炼和完善并达到一致的，而调节是中介的主要形式。在农村新任初中英语教师学科教学知识发展的过程中，教师经过其周围环境影响的调节，唤醒学科教学知识发展的意识，再通过专家教师的指导和帮助下的他人调节，最后经过实践应用及反思提升环节的自我调节，促进其学科教学知识发展。

五、倡导农村教师留城培育，促进教师专业快速发展

《国家中长期教育改革和发展规划纲要（2010—2020年）》中提出，要推进义务教育均衡发展。留城培育培训政策有助于在一定的区域内借助城市

---

① 王玉萍. 论外语教师 PCK 发展路径 [J]. 外语界，2013（2）：69 – 75.

优质学校的校本资源代育农村新任教师,有利于促进地区间教育均衡发展。[①]城市和农村学校师资不平衡,留城培育对农村初中新任英语教师学科教学知识发展有着积极的促进作用,有利于农村初中英语师资队伍的建设。农村中学教学条件较为落后,农村初中新任教师教学任务偏重,教师面对复杂的语言教学有时不知所措,急需提高语言教学技能。我国一直以来都支持鼓励城乡教师交流与互动,努力促进城市优质学校与农村学校结对子,在教学、研究和师资培养等方面帮扶农村学校。农村初中新任英语教师留城培育,能充分发挥城市优质教学资源的优势,城市反哺农村,有助于农村教师学科教学知识的构建,促进教师专业队伍快速发展,推进城乡教育均衡发展。具体可以采取以下措施。

(一) 农村初中新任英语教师留城培育制度保障

农村初中新任英语教师留城培育的目的是促进农村新任教师更快成长,以便更好地服务农村基础英语教育。虽然农村初中新任英语教师在城市优质学校工作和学习,但是其人事编制、工资关系等都还在原来的农村中学。留城培育期间,农村初中新任教师的教学任务可以适当少安排一些,让他们有更多的时间思考和学习,在城市学校优秀教师的指导下开展工作。根据学校需要和新任教师的发展情况,一两年后再返回原农村学校继续担任英语教学工作。在教育主管部门的领导下,农村学校和城市学校要协商好,妥善安排好相关工作,为农村初中新任英语教师留城培育提供制度保障。

(二) 农村初中新任英语教师留城教学培育

农村初中新任英语教师刚从大学毕业,迫切需要提高语言教学技能。但是农村初中相对闭塞,规模通常较小,与外界互动不多,不利于农村初中新任英语教师快速成长。农村初中新任英语教师留城教学培育,通过"结对子""传帮带"等方式向城市学校优秀教师学习,提高语言教学技能。通过听优秀教师的展示课,学习语言教学技巧,提高解决教学问题的能力,加深对教学情境知识和学生知识的理解。同时在优秀教师的指导下,农村初中新任英语教师通过上公开课,向同行展示教学技能,通过评课、议课和教学反思,听取专家宝贵意见,改进语言教学策略。

城市优质学校为农村初中新任教师留城培育提供帮助,也可以委派优秀教师到农村初中支教,在教学上帮扶农村学校。城乡学校还可以组织多样的

---

① 王凯. 留城培育:应对农村新任教师专业发展校本资源匮乏 [J]. 教育研究与实验, 2013 (1): 63 - 66.

赛课活动，给农村初中新任教师提供更多展示才华的机会，促进城乡学校教学改革的顺利开展，提高基础英语教育的质量。

（三）农村初中新任英语教师留城教研培育

农村初中通常位于乡镇集镇，学校规模不大，大多数学校教学条件较为落后，缺乏科研气氛。很多情况下，农村初中新任英语教师遇到语言教学的问题只能靠自己琢磨，常会感到孤独、无助和迷茫。城市优质学校办学条件较好，优秀教师相对较多，联系高校专家也方便，留城培育可以为农村初中新任英语教师提供更好的教研平台，更好地实现教师之间、中学和大学教师之间的对话，为教师学科教学知识发展提供更为坚实的基础。农村初中新任英语教师可以参加城市学校的教研课题，在专家和城市优秀教师指导下开展教学研究，探讨英语教学的现实问题和英语学习规律，加深对语言教学本质的理解，从而提高语言教学理论水平和研究能力。城乡教师也可以开展合作研究，攻坚农村中学英语教学面临的难题，在研究过程中不断提升教师发现问题、解决问题的能力，使教师向研究型教师转变，促进教师学科教学知识的可持续发展。

结　语

　　党的十九大将乡村振兴和优先发展教育事业提升到国家战略高度。我国大部分学生在农村，从某种意义上来说，解决好农村的教育问题就等于解决了中国教育的主要问题。农村教育的发展离不开农村教师的发展，甚至可以说，农村教师在一定程度上决定了农村教育的发展。[①] 目前，我国正在实施新一轮的基础英语教育改革，培养学生的英语学科核心素养成为基础英语教育的一大任务，基础英语教育改革对中小学英语教师的教学理念和教学方式带来极大的冲击。中小学英语教师专业发展是实施英语课程标准的关键保障，但农村中学英语教师，尤其是农村初中新任英语教师专业发展存在诸多问题。为更好地解决农村初中新任英语教师发展中存在的问题，我们基于中外文献阅读与分析，探索英语教师学科教学知识的本质与内涵，厘清了英语教师学科教学知识的构成要素，选择了广西壮族自治区的30多所乡镇初中的100多名新任英语教师作为调查对象，对农村初中新任英语教师学科教学知识发展现状进行调查研究，探寻农村初中新任英语教师学科教学知识发展存在的问题及原因，结合农村初中英语教学实践和教学具体情况，提出了促进农村新任英语教师学科教学知识发展的策略。本书为之后的相关研究提供了一些参考，在一定程度上丰富了有关英语教师学科教学知识的理论，有助于提升农村初中英语课堂教学质量，促进英语教师的专业发展。

　　由于时间仓促，本研究对农村初中英语教师学科教学知识发展的调查面不够宽，仅抽样调查了广西部分农村初中，调查的对象也不够多，因此未能全面反映农村初中英语教师学科教学知识发展情况。本研究观察的课堂未能覆盖初中英语所有的课型和话题，缺乏多样性和典型性，在一定程度上影响研究的结论。本研究提出的农村初中新任英语教师学科教学知识发展策略，还需要政府部门、城市和农村相关学校、教育专家和农村初中新任英语教师等要素共同参与，才能从根本上促进农村初中新任英语教师学科教学知识发

---

① 石连海，田晓苗. 我国乡村教师队伍建设政策的发展与创新［J］. 教育研究，2018（9）：149–153.

展，提高农村中学英语教学的质量。但是这些以政府为主体的彼此联系又相对独立的要素之间如何运作，我们还需要做进一步的研究。由于笔者的水平有限，理论素养不够高，研究中的诸多问题未能全面、透彻分析，有的观点还须商榷。在今后的研究中，要加强调查研究，深入课堂，对跨地区、不同教龄的初中新任英语教师学科教学知识发展进行对比研究，进一步丰富英语教师学科教学知识的研究。

附录一 农村初中新任英语教师学科教学知识发展调查问卷

尊敬的老师：

您好！感谢您百忙之中抽出时间来配合我们做好问卷调查工作！本问卷旨在了解初中新任英语教师学科教学知识发展情况，您的意见对我们的研究非常重要，也将为英语教师教育的相关研究提供重要参考。本问卷无须署名，答案也无对错之分，仅作学术研究之用，且所有的回答将会被严格保密，希望您能就以下问题给予客观、真实的回答。填写问卷需要占用您一些宝贵的时间，非常抱歉！感谢您为我们的研究提供帮助，感谢您的合作与支持！

一、基本情况（请您在符合本人情况的选项上打"√"）

1. 性别： A. 男 B. 女
2. 学历： A. 中专（高中） B. 大专
   C. 本科 D. 研究生
3. 所学专业是否是英语专业？A. 是 B. 否
4. 所学专业是否是师范类？A. 是 B. 否
5. 教龄： A. 未满1年 B. 1—2年
   C. 3—4年 D. 5年
6. 职称： A. 未定级 B. 中教二级（初级）
   C. 中教一级（中级） D. 其他

二、关于农村初中新任英语教师学科教学知识发展的问题（请您在符合本人情况选项的方框内打"√"）

序列	评价内容	完全不符合	比较不符合	有时符合	比较符合	完全符合
1	我具有扎实的英语语言基础知识，能胜任初中英语教学工作					
2	我掌握英语语言学、文学的基础知识					
3	我熟练掌握英语听、说、读、写、译的基本技能，英语语言技能可以满足教学的需要					
4	我能够回答初中生提出的各种英语学习问题					
5	我熟悉初中英语教材的内容					
6	我了解2011年版的英语课程标准中的3—5级（七年级至九年级）的课程目标					
7	我能够把握初中英语课本每个单元的重点难点，能够深入浅出地分析教学内容					
8	我能够根据所在地区的教学实际情况和学生的英语语言水平，对初中英语教材进行适当的取舍和调整					
9	我了解英语国家文化，能够引导学生关注语言和语用中的文化因素，帮助学生了解中外文化的异同					
10	我了解英语教学的研究前沿和发展动态					
11	我了解初中生的身心发展特点和个体差异					
12	我了解初中生语言认知发展特点					
13	我能清楚地了解初中学生对于特定英语概念的理解					
14	我能够提前预知初中生易出现的英语错误理解					
15	我能够归纳学生英语学习过程中常犯的错误，总结避免出错的方法					
16	根据学生的理解水平，我可以将特定的英语教学内容分成不同的层次					
17	我参考教师用书进行备课，同时充分考虑所教学生英语的实际水平					
18	我充分了解所教年级学生的现有英语水平和发展需求					
19	我清楚初中生的学习动机和学习态度对英语学习的重要影响					

续上表

序列	评价内容	完全不符合	比较不符合	有时符合	比较符合	完全符合
20	我注重学生英语学习策略的培养					
21	我清楚社会文化环境因素对英语教学有着重要的影响					
22	我通过班级文化建设，营造学习英语的氛围					
23	我驾驭课堂能力强，英语课堂不会沉闷或过于吵闹，我能引导学生积极参与课堂活动					
24	我能够创造一种敢于参与、乐于表达、民主和谐的课堂环境					
25	在英语教学中，我能够创设接近学生实际生活的语境帮助学生使用英语互动交流					
26	在英语课堂中我几乎全英文授课，用一些体态语，如手势语、姿态语、面势语等帮助学生理解					
27	在英语教学中，我能够根据教学不同的情境组织学生通过观察、体验、探究等方法，提高他们的学习能力					
28	我能够创设各种合作学习的活动，培养学生合作精神，促进师生情感交流，营造积极、宽松的教学氛围					
29	我能够主动关心学生，与学生建立真诚、理解和信任的关系					
30	我能够组织学生开展英语朗诵、唱歌、讲故事等课外活动，拓展学生学习英语的渠道					
31	在英语课堂中，我能够有效地组织多种形式的课堂互动，如：全班活动、小组活动、同伴活动和个人活动					
32	我能够合理利用网络信息资源、多媒体、音像、挂图、简笔画、模型、实物等多种教学资源，激发学生学习英语的兴趣					
33	针对所教内容，我能运用有效提问的方法引导学生学习					
34	除测试外，我还会采取其他关注学生学习过程的课堂评价方式					

续上表

序列	评价内容	完全不符合	比较不符合	有时符合	比较符合	完全符合
35	在听力和阅读教学中，我会在学生听或读之前渗透与材料相关的背景知识，组织学生对所要听或读的内容进行预测					
36	在说的教学中，我会设计说的任务，使学生参与到交际活动中来，通过任务的完成，提高学生的语言表达能力					
37	在阅读教学中，我会引导学生使用略读（skimming）和寻读（scanning）策略来获取信息，既关注语篇知识的讲授，又关注语言知识的学习					
38	在写作教学中，我注重学生的写作过程，并在写作过程中给予指导					
39	在英语教学过程当中，我注重学生英语知识的积累和学习方法的指导，努力培养学生的学习能力					
40	我能指导学生围绕一定的话题，通过语言互动实践加深对英语语言与文化的理解					

三、开放型问卷题目

您在专业发展方面遇到哪些困难？您认为新教师应该采取哪些措施（包括英语学科知识、关于学生的知识、关于教学情境的知识和英语教学策略知识），才可以更有效地促进新任英语教师学科教学知识的发展？

_____
_____
_____
_____
_____

本问卷到此结束，再次感谢您的合作！

附录二 教师访谈提纲

1. 您在英语教学中渗透和介绍跨文化知识吗？您在给学生做听力训练或阅读材料前是否有背景知识的介绍？

2. 您能够预知学生易出现的英语错误吗？还是学生出错多在预料之外？可以简单说出原因吗？

3. 您在课堂上经常为学生创设贴近学生生活的语境，让学生有机会开口说英语吗？您觉得在创设真实语境方面有哪些困难？

4. 您所在的学校组织开展有关英语方面的哪些活动？如英语歌曲比赛、用英语讲故事比赛等。

5. 您知道英语学习策略具体包括哪些策略吗？在您的实际教学中能很好落实学习策略的传授吗？

6. 您在大学期间有过语言技能（听、说、读、写）教学策略和语言知识（词汇、语音、语法、话题等）教学策略的学习吗？在当前的教学中是否还能继续用上这些教学策略？

7. 您会对自己的英语教学进行反思吗？采取什么样的形式？一般会反思哪些内容呢？如果没有反思，是什么原因造成的？

8. 您认为目前自己的英语学科教学知识主要来源是什么？（英语学科教学知识来源，如：在大学期间所学的英语专业知识以及英语教学论、教育学和心理学等课程、参加职前培训、在职教师培训、作为学生时的经验、阅读专业书刊、教研活动、听课、赛课、公开课、与同事的交流、自身的教学经验和反思等方面）哪些对您的学科教学知识增长贡献最大，哪些对您的学科教学知识增长作用不大，原因是什么？您希望自己所在的学校提供什么样的帮助以更好地促进英语学科教学知识的发展？

附录三 中学英语教研论文

一、中学英语教学实践研究

交互式教学在初中英语阅读教学中的运用[①]

摘 要：英语阅读是一个复杂的认知过程。交互式阅读教学通过阅读前、阅读中和阅读后的语言交互活动，能有效地向学生传授知识，激发学习动机，培养学生之间的合作精神，提高学生的英语阅读技能和综合运用语言的能力。

关键词：初中英语阅读；交互式教学；交际能力

Abstract: English reading is a complicated cognitive process. The interactive reading teaching can effectively impart the knowledge to the students, activate their learning motivation, develop their cooperative spirits and improve their reading skills and comprehensive language competence.

Key words: junior middle school English reading; interactive teaching; communicative competence

阅读是人们获取知识与信息的重要途径，也是外语教学的一项重要任务。英语阅读是一个涉及诸多因素的认知交际过程，也是一个极其复杂的生理和心理过程。作为语言学习的重要输入方式，阅读在初中英语教学中占有举足轻重的地位。但遗憾的是，阅读教学"高投入、低产出"的现象仍很普

---

① 原载于《山东师范大学外国语学院学报（基础英语教育）》2011年第2期，详见骆凤娟. 交互式教学在初中英语阅读教学中的运用［J］. 山东师范大学外国语学院学报（基础英语教育），2011，13（2）：78-82.

遍①。很多英语老师也都有同感：对话课好上，学生也乐于学，课堂气氛比较活跃，但是上阅读课时，学生常提不起兴趣，教学效果不佳。那么，英语阅读课应该如何展开，阅读教学应该如何组织呢？通过教学实验与实践，笔者发现交互式阅读教学能有效地激发学生的学习动机，培养学生之间的合作精神，发展学生的综合运用语言的能力，提高中学英语阅读课的教学质量。

一、交互式阅读教学的必要性

"交互"对于语言教师来讲尤为重要，是语言教学交际活动的核心②。"交互式英语教学坚持实践性和互动性原则，提倡学生运用英语进行交际来巩固知识"③，符合《英语课程标准》提倡的合作探究式教学的要求。"在交互式教学中，教师发挥着主导作用，扮演着教学交互活动的组织者、激励者和引导者等不同的角色"④，通过评价等有效教学策略培养学生学习英语的兴趣和自信心，有利于教学效率的提高。英语阅读是一个复杂的认知活动，是读者通过语言符号及其理解与作者进行信息交流的过程。影响阅读理解的因素很多，"学生的智力水平、生理条件、兴趣和个性、社会经济文化背景、语言基础、学习方法和教学模式都影响着学生阅读技能的提高"⑤。"阅读教学的程序、采用的技巧、选用的材料、过程的监控、阅读的评估等从不同的侧面影响着阅读教学的有效开展和学生阅读水平的提高"⑥。在初中英语阅读教学实践中，笔者发现交互式教学的课堂组织形式多样，动静结合，学生积极参与各种合作与互动性的交际活动，课堂气氛轻松、和谐，有利于学生对语言知识的习得。交互式阅读教学所使用的各种优质教学资源，如多媒体课件、图片和简笔画等，使复杂的课文形象化、简单化，促进师生之间、学生之间的互动与交流。交互活动给学生提供更多的知识信息交流机会，"将英语教学与情感教育有机结合，促进学生的合作和情感交流，有利于培养学

---

① 程晓堂. 英语学习策略 [M]. 北京：外语教学与研究出版社，2003.
② BROWN H D. Teaching by principles: an interactive approach to language pedagogy [M]. 北京：外语教学与研究出版社，2003.
③ 骆凤娟. 中学英语语法教学的新途径——交互式教学 [J]. 山东师范大学外国语学院学报（基础英语教育），2006（6）：28-32.
④ 莫海文. 交互式教学模式下中学英语教师的多重角色 [J]. 继续教育研究，2009（6）：80-82.
⑤ 朱纯. 外语教学心理学 [M]. 上海：上海外语教育出版社，2004.
⑥ 王笃勤. 英语教学策略论 [M]. 北京：外语教学与研究出版社，2004.

生积极向上的感情态度"①。阅读是英语教学中的一项重要任务，涉及教与学的双边关系，交互式阅读教学不仅能有效地向学生传授知识和阅读技巧，还能开发学生的智力，培养学习的兴趣，提高阅读理解的能力。为此，我们有必要运用交互式教学模式改进英语阅读教学的方法，提高教学的效率。

二、交互式教学策略在阅读教学中的应用

1. 阅读前交互活动

课堂最初五分钟能否利用好，直接影响到整堂课的教学效果。根据初中生具有好奇好胜、好知心强等心理特点，我们可以根据课文内容有意识地设计一些别开生面的交互活动，创设情境，激发学生的学习兴趣，营造一个宽松、愉快的学习氛围。

比如在学习外研版《英语》（新标准）初中三年级下册 Module 5 Unit 2 的阅读课文"Watch out! Bears about!"时，为更好地设置悬念，引发学生的好奇心和求知欲，笔者播放以下的课件：在一片漆黑的森林里，一个帐篷搭在一小块空地上，几声野兽的叫声，令帐篷里的人害怕得都挤到角落里，突然屏幕上一片空白……当时，学生可着急了。笔者因势利导地向学生提问："What happened?"让学生发挥想象，用英语预测后面发生的故事，课堂气氛一下子就活跃起来了。在学生英语互动的讨论中，教师不必过多地纠正学生的语法错误或限制学生的答案，应鼓励学生尽量使用英语表达。预测是阅读过程的重要一环。实践证明，有预测的阅读优于无预测的阅读。学生的讨论围绕着即将阅读的课文主题展开，通过讨论激发学生搜寻已有的背景知识进行积极的预测，无论他们的预测正确与否，都将有利于激活他们的心理图式（schema）。这样，就可以弥补学生词汇、语法等层次的不足，为有效阅读奠定基础。此外，我们还可以根据初中生想象力丰富、争强好胜的特点，设计一些具有挑战性、趣味性的游戏活动导入新课。比如在学习外研版《英语》（新标准）初中二年级上册 Module 5 Unit 2 的课文 Vienna is the centre of European classical music 时，教师可在教学课件里设计一件动画乐器，这件乐器在荧屏上一边播放音乐一边不断地变换外形。教师让学生用英语猜这些动画是什么乐器，猜对单词最多的组为优胜组。学生通过开动脑筋，发挥想象力并做出种种推测，思路一下子就打开了，既达到复习所学过与乐器相关的单词，又能活跃课堂气氛。教师充分利用好课堂开始的五分钟，根据课文内容和大纲的要求来设计形式多样的交互式活动，能有效地激发学生的

---

① 陈琳，王蔷，程晓堂. 全日制义务教育英语课程标准（实验稿）解读 [M]. 北京：北京师范大学出版社，2002.

阅读兴趣和欲望。

2. 阅读中交互活动

在交互式教学中，课堂内的交互活动是教学活动的主要载体，根据课文内容设计恰当的问题对课堂有效的交互来讲十分重要。在让学生阅读之前，我们可以设计一些与文章有关的问题，让他们带着问题进行阅读。但是要注意的是设计的问题必须由浅入深、由易到难，符合初中生的心理特点，才能更好地促进学生认知能力的发展。

外研版《英语》（新标准）初中三年级上册 Module 11 Unit 2 中的 It was a quiet country village 以人口为主题，涉及人口过剩以及由此而产生的相关社会问题，笔者教授此课时，利用多媒体展示"绿城"南宁美丽的城市景色，同时穿插一些交通堵塞、人口拥挤及犯罪活动的画面。这些图片贴近学生的实际生活，能吸引学生的注意力，引发学生的思考。接着让学生讨论以下两个问题：

（1）Why do so many people move to Nanning?

（2）What are the problems of our city?

阅读前的讨论活动能激活学生已有的背景知识，增强他们的话题意识。然后播放课文的录音，让学生带着问题去听录音，阅读全文，并思考以下问题，了解作者写这篇文章的意图。

The writer wants to ＿＿＿＿＿＿＿＿＿＿

A. show the disadvantages of how cities have grown over the years.

B. show the life in the city can be enjoyable.

这道题以选择题的方式来检查学生对整篇文章的理解，阅读的难度较低，学生听完录音之后，很快就能找到答案，尝到了"跳一跳，就摘到果子"的甜头，增强英语阅读的信心。让学生带着一些稍微简单、统领全文的问题阅读，能有效地提高他们的对课文的整体理解能力。而后，根据课文提出有一定难度的问题让学生思考，让他们意识到阅读材料既有知识性又有挑战性，激发他们的学习动机。这个过程的问题应设计得巧妙，限定时间，让学生带着任务进行第二次阅读。笔者是这样来设计的：教师首先要求学生分段阅读，对于有困难的句子，学生先互相讨论，然后教师再给予引导与帮助；接着教师针对每一个自然段提出几个问题来检查学生对文章细节的理解。各自然段具体的问题如下：

第一段的问题：

（1）When did Joe's grandparents first come to Parkville?

（2）What was Parkville like at that time?

第二段的问题：

(1) Why did the people from the countryside go to Arnvick?

(2) What did the city government decide to do?

(3) What's the population of Parkville now?

第三、四段的问题：

(1) What happened in the small local school in Parkville?

(2) Where does Joe decide to go to study?

(3) How long does it take Joe to get to school?

第五段的问题：

What does Arnvick need now?

学生通过阅读全文，小组讨论，教师引导，最后归纳出答案。这些问题所涉及的不只是对细节的理解与判断，还需要做进一步的逻辑推理才能得出答案。我们可以让学生再次阅读、讨论，领会文章的意义。

这个环节能给学生提供一种合作学习的平台，使学生成为课堂的主人，有利于提高他们的自学能力、阅读能力和口头表达能力。在教学过程中，教师所扮演的角色偏重于促进者，注重培养学生的独立性和自主性，帮助他们梳理课文的语言信息，全面理解课文内容。之后，笔者把课文的重点短语和句型写在黑板上，让学生结合自己的生活实践，运用这些知识点进行有意义的交互活动。这一过程是学生学习新知识的过程，是他们通过辛勤劳动取得收获的过程，有利于加深学生对新知识的理解。

3. 阅读后交互活动

为了让学生把阅读所获得的信息与已掌握的知识联系起来，教师还应给学生提供语言输出的机会，根据不同的年级，设计不同的阅读后交互活动。初一年级的学生刚从小学升到初中，好动好说。但是前两个步骤的阅读活动已经让他们产生了疲惫感，如果再采用复述课文的形式，很多学生可能会产生厌烦的心理，不愿去思考，也不愿听别人的复述。长期如此，反而让他们失去学习英语的兴趣。其实，让初一年级的学生根据课文内容扮演角色是较好的方法，既能集中学生的注意力，保持他们的学习兴趣，又能达到巩固课文知识的目的。在表演前先让学生听录音、模仿读音、联想动作，然后让他们上台表演。在说台词时，可能会出现说不出英语的"卡壳"现象，台下的学生就会热烈地争着提供台词，课堂气氛极其活跃。虽然只有几个人在表演，但实际上全班的同学都得以进行语言实践。对于初二、初三的学生而言，他们的词汇量不断增多，可以用简笔画和关键词汇让学生用自己的话来复述课文，培养学生用英语进行逻辑思维的能力。在组织外研版《英语》（新标准）初中三年级上册 Module 11 Unit 2 的教学时，经过阅读前和阅读中的交互活动后，笔者一边画简笔画，一边组织全班学生一起以课文关键词汇

（划线部分词汇）为启示做如下的课文复述：

Fifty years ago, Parkville was <u>a quiet country village</u>. Joe's grandparents had a small house <u>on the edge of</u> town, with some fields and hills <u>in the distance</u>; Parkville <u>was close to</u> a big city, Arnwick. More and more people <u>found jobs</u> in Arnwick. The city government <u>decided to build flats</u> around the edge of the city. The local school in Parkville <u>closed down</u>. Now Jo goes to a school close to <u>the centre of</u> Arnwick. It takes Jo an hour to get to school, and this <u>adds to</u> the traffic and pollution. <u>It causes</u> many other <u>problems</u> in the city.

这样的活动可以激发每位学生参与的积极性，避免一些学生因害羞而不敢开口讲英语的情况发生，也提高了每位学生用英语进行思考与概括的能力。而后，笔者整合课文 Activity 5 和 Activity 6，结合南宁市的实际情况，在屏幕上展现出城市存在的一些问题的画面，让学生一起讨论，并回答以下问题：

（1）Why are so many people moving to Nanning?
（2）What are the problems of Nanning?
（3）What are the ways of improving the situation?

这些练习可以为下一步的书面表达奠定基础，并有利于培养学生在实际生活中提出问题、分析问题和解决问题的能力。接着让学生根据上面的问题，用所学语言点及相关知识写出一篇 60 个单词左右的小作文。笔者当场抽样评改，找出学生所写句子的不足之处，传授写句子的方法，教会学生用英语写句子和短文的技巧。这项写作任务紧密结合学生的生活实际和现有的认知水平，既能帮助学生巩固阅读课的重点词汇和语法项目，又能提高他们书面表达的能力。

三、结语

交互式英语阅读教学能有效地把自下而上（bottom-up model）与自上而下（top-down model）的阅读模式有机地结合在一起，发挥头脑中图式的优势，重视学生语言知识的积累与实际运用，促进学生之间的信息交流和知识互动，提高教学的效率。交互式阅读教学各个阶段的交互式活动让学生英语阅读逐步深化，实现知识向技能再到交际能力的转化，促进学生理解能力、认知能力和语言综合运用能力的不断提高。其主要的步骤及作用如表 1 所示。

表 1　交互式活动步骤和作用

活动	实施方法	作用
课前交互活动	创设情境，欣赏倾听	吸引学生，提高兴趣，激活心理图式
课中交互活动	设疑授新，授人以渔	理解课文，培养阅读技能，学习新知识
课后交互活动	合作创新，沟通发展	运用语言，巩固知识，提高交际能力

在交互式阅读教学过程中，教师充分利用教材，创设情境，组织学生运用英语知识进行有意义的交互活动，能有效地激发学生的学习动机，提高阅读技能，培养学生之间的合作精神，增强其实践能力和创新能力，加强师生的情感交流，促进学生的全面发展。

中学英语语法教学的新途径——交互式教学[①]

摘　要：应该如何教语法？中学英语语法教学要不要淡化？这些问题常常困扰着广大英语教师。在交互式语法教学中，学生积极参与目的语交际活动，有利于知识的传递及语法规则在运用中的习得，有利于学生英语综合运用能力的提高。

关键词：语法；交互式教学；英语课程标准；交际能力

Abstract: How to teach grammar and shall we neglect grammar teaching? These questions always haunt the middle school English teachers. In the interactive grammar teaching, the students actively get involved in the language communicative activities, which is helpful for the instruction of the language knowledge, the acquisition of grammatical rules and the improvement of students' English comprehensive competence.

Key words: grammar; interactive approach; English curricular standard; communicative competence

---

① 骆凤娟. 中学英语语法教学的新途径——交互式教学 [J]. 山东师范大学外国语学院学报（基础英语教育），2006（6）：28 - 32.

一、语法教学在英语教学中的地位

语法翻译法对我国外语教育有着深远的影响，在传统的教学法中起着核心统领的作用。传统的语法教学只重视传授语言知识，而忽视学习者的语言运用能力的培养，结果未能有效地提高学习者的交际能力。在过去的 30 年里，以交际法、自然法为代表的强调意义和功能的外语教学思想，极力排斥语法教学的作用①，这使语法教学的问题更加复杂化。在实施新课程改革的今天，一些教师片面强调学生的语言交际能力的培养，而忽视语法教学，误认为现在的中学英语教学中语言基础知识教学特别是语法教学已不重要，部分教师甚至错误地认为实施新课程标准就是淡化甚至不教语法。这导致了许多中学生由于语言基础知识和结构掌握不牢，不仅不能用准确得体的英语进行口头表达，更写不出几句完整无误的英语句子②。

语法是中学英语教学的一项重要的内容，《英语课程标准》（中华人民共和国教育部，2005）对语法教学目标也做了明确的规定③。尽管语法本身不等于语言，但是语法是语言构建的规则，总结语言本身的规律能加深学习者对语言的理解。同时，语法知识又是语言交际能力的基本方面，只有当学习者掌握了语法知识，他才有可能真正获得熟练运用这种语言的能力。如果把语法的教与学作为提高语言运用能力的一种手段，而不是其最终目的的话，那么语法教学的确有助于语言学习④。因此，在中学英语教学过程中，完全否定语法在教学中的作用或忽视语法教学都是不明智的。束定芳，庄智象（1996）指出，语法在整个外语教学的地位和作用的问题，已经不是语法该不该教的问题，而是教什么和怎么教的问题⑤。

二、传统语法教学的不足及交互式语法教学的必要性

新课程标准要求中学英语教学要着重培养学生综合运用语音、词汇、语法等语言基础知识进行听、说、读、写的语言交际能力。但是如何使用有效的方法组织中学英语语法教学呢？这是英语教师应该予以关注和思考的问

---

① 程晓堂，郑敏. 英语学习策略论 [M]. 北京：外语教学与研究出版社，2003.
② 周文筑. 学英语语法教学的再认识 [J]. 小学教材教学，2006（2）：53-56.
③ 中华人民共和国教育部. 全日制义务教育普通高级中学英语课程标准（实验稿）[S]. 北京：北京师范大学出版社，2005.
④ UR P. A course in language teaching and research [M]. 北京：外语教学与研究出版社，2000.
⑤ 束定芳，庄智象. 现代外语教学——理论、实践与方法 [M]. 上海：上海外语教育出版社，1996.

题。由于传统上语法翻译法占统治地位及人们对语法教学的片面理解，许多中学英语教师上课时只注重语法的分析、讲解，而忽视语法知识的实际运用，忽略语法的交际功能。结果，学生在语法上花费了很多的时间和精力，甚至分析语法成癖，却未能真正运用语法知识进行有效的语言交际。

  语言教学不可能只重视知识的传授与记忆，而应该更加重视语言能力的培养和内容教学，以意义为语言交流的基础，真正发挥语言的交际作用，让学生在语言使用的过程中学习语言。语法是语言教学的一项重要内容，许多专家和学者对于语法教学有着不同的看法。Brown（2003：349）认为成功的语法教学应该做到：语法知识要运用于有意义的交际语境中；要为实现交际目的服务；要促进交际语言的准确与流利；要避免过多语言术语的解释；要生动以激发学生的内在动机[①]。陈琳等（2002：62 - 64）认为有必要改变语法教学的传统方式，妥善处理语言知识和语言技能的关系，防止过于强调模仿、死记硬背、机械训练的教学，倡导语言知识教学和技能训练结合的、开放的、互动的学习模式[②]。周文筑（2006）认为教师讲授语法不是最终的目的，而是将语言形式与意义、交际功能有机地结合起来，通过实际的语言运用去内化语言规则，从而达到学生能准确地运用语言进行有效的交际[③]。以上专家与学者不同的精辟论述对语法教学起到很大的启发作用，同时，我们也不难看出他们对语法教学的理解其实是一样的：语法教学应该将语言知识及其交际功能相结合，让学生在运用语言的过程中学习语法。

  近年来，在交际理论和人性化管理的影响下，以学习者为中心（learner-centered）的教学模式受到越来越多的重视[④]。交互式以学习者为中心的教学模式，是以学生为主体，教师为主导，重视师生及学生与学生之间的双向协调活动的教学方法[⑤]。它是以社会交互论、人本主义及建构主义理论为基础而建立起来的一种教学模式。交互式教学理论认为学习是一个认知交互的过程，并强调个体与所知觉环境之间的交互作用。交互式教学为学习者提供认

---

 ① BROWN H D. Teaching by principles: an interactive approach to language pedagogy [M]. 北京：外语教学与研究出版社，2003：349.

 ② 陈琳，王蔷，程晓堂. 全日制义务教育英语课程标准（实验稿）解读［M］. 北京：北京师范大学出版社，2002：62 - 64.

 ③ 周文筑. 对中学英语语法教学的再认识［J］. 中小学教材教学，2006（2）：53 - 56.

 ④ 刘润清，戴曼纯. 中国高校外语教学改革［M］. 北京：外语教学与研究出版社，2004.

 ⑤ 刘洋. 论交互式外语教学中教师的角色［J］. 西安外国语学院学报，2005（2）：51 - 54.

识、体验、实践目的语的机会、环境和条件，倡导合作学习、探索学习和体验学习等学习方式，其主要的实践性原则就是互动性。

交互式语法教学的理念和许多语言教学专家的观点是一致的，符合新课程标准的要求和语言学习的规律。因此，我们有必要将交互式教学运用到语法教学中去，对传统的语法教学方式进行改革，既要注意传授语言的形式和功能，又要注重通过交互活动提高学生的交际能力。

表1 传统语法教学与交互式语法教学模式的比较

	传统语法教学模式	交互式语法教学模式
理论基础	行为主义和结构主义的理论	社会交互论、人本主义、建构主义的理论
教学目的	掌握语法的规则和语言结构	掌握语法结构、意义及其功能，提高交际能力
教学方法	讲解语法规则和语言意义	示范语言知识在实际生活中的应用
策略及练习形式	句型转换、替换操练、模仿练习语言语法点	设置交互式活动，运用语法知识进行语言实践与交际
师生地位	以教师为中心	以学生为中心

三、交互式语法教学的实践

新课程强调教学过程是师生交往、共同互动的过程①。语法知识并非一系列僵化的规则，语法也有其形式（form）和意义（meaning）。而传统的语法教学只注重语法规则的讲解和句子层面的分析，忽视了不同的语法结构在不同场景中的不同语用意义。交互式教学主张语言习得，发挥学生先天具有学习和使用语言的能力，以学生为中心，以交际为轴心，通过语言交互活动来培养学生的语言交际能力。因此，在教学过程中教师应该多组织学生主动参与课堂内外的各种语言交互活动，引导他们积极探究语言，并运用语言知识进行交际，使语法教学更具有互动性和实践性。语法教学过程中的交互活动形式是多种多样的，通常可以概括为如下几种类型。

（一）师生之间的交互活动

师生之间的交互活动是指教师和学生通过利用目的语进行有意义的交际

---

① 陈琳，王蔷，程晓堂. 全日制义务教育英语课程标准（实验稿）解读[M]. 北京：北京师范大学出版社，2002.

活动，是师生关系在课堂中的具体化和现实化。师生之间的交互可以使师生之间产生相互作用和相互影响。这种相互作用和相互影响不仅是信息及知识的认知，而且是情感信息的交流和互动①。在交互式教学中，教师所扮演的角色偏重于"促进者（facilitator）"——帮助学生有效地学习②。因此，教师在教学过程中要处理好英语语法知识与培养学生语言运用能力的关系，注重培养学生的独立性和自主性，引导和帮助学生在语言实践中学习语法，使英语语法学习成为在教师指导下积极主动建构的过程，以更好地促进学生英语语言交际能力的提高。

师生互动主要表现为"问"与"答"，交互活动中高质量的问题可以激发学生思维，促进学生在学习活动中的参与，通过问题的调节，语言会更加清楚易懂，对交互活动的开展具有很大的促进作用。据调查，提问在英语课堂的交互活动中占20%—40%，对语言习得起至关重要的作用（王笃勤，2003：43）③。因此，教师应该将更多的精力放在如何提高提问的质量上，为学生创造语言实践的机会。在英语课堂上，有的教师经常提问答案明了的问题。如为了练习 be 的用法，向学生提问："Are you a student？"或"Is this a pen？"这种明知故问的问题缺乏信息差距（information gap），属于机械的操练，缺乏交际功能，不能有效地激发学生的交际兴趣，难以用来培养学生的交际能力。为此，我们有必要设计有效的问题来组织交互活动，把英语语法的教与学还原成语言交际实践，促使学生对语法知识的理解与掌握。下面请看教师利用课堂开场白复习过去进行时与学生进行的语言交互活动：

例（1）T：Li Ming, Could you tell me what you were doing at 4 yesterday afternoon?

S：I was sleeping.

T：Were you doing your homework or going over the lessons in the afternoon?

S：No, I was doing neither, and I was sleeping the whole afternoon.

T：Well, we really need a good rest, but you were not studying yesterday afternoon. Why were you staying in bed so long? Were you not feeling well?
……

---

① 佐斌. 师生互动论——课堂师生互动的心理学研究［M］. 武汉：华中师范大学出版社，2002.

② 刘洋. 论交互式外语教学中教师的角色［J］. 西安外国语学院学报，2005（2）：51-54.

③ 王笃勤. 英语教学策略论［M］. 北京：外语教学与研究出版社，2003：43.

以上的教师与学生的交互活动，把时态与学生真实的生活情景有机地结合在一起，通过运用相关的语言知识来实践，让学生真正明白过去进行时动词的形式为 v. + ing（如 doing，sleeping 等）及其动作发生的时间为过去的某个时间点（如 at 4 yesterday afternoon）或过去的某个时间段（如 the whole afternoon，yesterday afternoon）。同时教师对学生作出"Well，we really need a good rest"和"Were you not feeling well?"的反馈，不仅会使学生感到老师平易近人，关心自己，有利于建立良好的师生关系，而且还可以为学生提供运用目的语进行有意义的实践与交际的机会，提高学生的认知水平和解决问题的能力。像以上的一些英语语法内容单用汉语叙述或解释，很难让学生准确地理解和掌握。教师根据英语动词的动作与时间密切联系的特点，通过设置即时情景，让学生积极运用所学的语言知识进行有意义的语言交互实践活动，学生自然能够更好地掌握语法知识，而其他同学在听和看的交互活动过程中也可以加深对时态的理解。以后遇到类似的生活情景，学生能脱口说出相似的句子。

学完几个时态后，在一段时间里教师可经常即兴提问学生以下的问题，让学生结合自己的生活实际作出如实的回答：

What did you do just now?（复习过去时）

What are you doing?（复习现在进行时）

What will you do tomorrow?（复习将来时）

Have you finished your homework?（复习现在完成时）

通过学生回答问题，使学生在一定情景中理解、提炼语法知识及规律并付诸实践。生动有趣的师生互动活动可以启发学生思考，引导学生正确地理解语法，鼓励学生正确得体地运用语法知识来表达思想，提高语言运用的能力。另外，教师在师生交互学习活动中，还应尊重学生的人格，注意学生个体的差异，满足不同的需要，创设能引导学生主动参与的教育环境，激发学生学习的积极性，培养学生掌握和运用知识的态度和能力。同时，在问答的互动过程中，教师还应该加强和学生之间的情感交流，培养和发展学生积极的情感态度，促使每个学生都能得到充分、全面的发展。

（二）学生之间的交互活动

语言学习的根本目的是用所学的语言进行交际。学生之间的交互活动是合作学习的一种体现形式，学生通过使用英语进行交际以完成预先设计的任务。在进行语法教学时，教师应尽可能创设情景，营造一种真实而且自由宽松的环境，同时尽量把那些干巴巴的语言知识点置于有血有肉的语言交际活动中，给学生提供更多的语言实践机会，并引导和组织学生运用所学的语法知识进行交互的活动，让他们入情入境，自由地展示自己。

例如，在教 might，may，can，must 等情态动词时，教师可先精讲各自的含义：may（might）表示"可以"或"可能"；can 表示"能够"或"可能"；must 表示"必须"或"一定"；另外当用于"推测"时，它们的"可能性"依次逐级增强（might→may→can→must）。然后将它们置于一定的情景中让学生通过口、笔头练习掌握。教师可以根据需要设计如下案件：John 房中的保险柜里面的一笔巨款被盗，Kate、Tom 和 Jack 三位都是警方的嫌疑人。Kate 是 John 的同事，了解 John 的活动规律；Tom 是 John 好朋友，有 John 门上的钥匙；Jack 是 John 的中学同学、惯偷犯，能进入 John 的房间。教师可以让学生们扮演警察的角色，分组讨论"Who is the thief?"并尽量用上以上情态动词。为了破案，"警察"们可能会对案情作如下讨论：

例（2）"As John's workmate, Kate knows when John leaves home and when he comes back, so it might be her."

"No, it can't be Kate, because she can't enter John's room."

"Because Tom can enter John's room, it may be him."

"It may not be Tom because he and John are good friends."

"It must be Jack, because he often stole something and he can enter John's room and we can tell the footprints on the floor are his."

"I agree. It must be Jack."

以上的例子巧妙地把语法显性教学（explicit teaching）和隐性教学（implicit teaching）有机地结合在一起，将 might，may，can，must 等词的用法运用于语境中，深化了学生对这些语法知识的理解，为他们在以后的语言交际中更好地运用这些词奠定了基础。教师在课堂教学中充分利用教材，创设情景，组织学生运用英语知识进行有意义的交互活动，既能有效地激发学生学习的动机，巩固语言知识，又可以培养学生之间的合作精神，有效地提高教学的质量。

（三）人机交互活动

《英语课程标准》要求英语课程要力求利用和积极开发课程资源，给学生提供贴近实际、贴近生活、贴近时代的内容健康和丰富的课程资源；要积极利用音像、网络等丰富的教学资源，扩展学生学习和运用英语的渠道①。语法教学向来被认为是比较乏味的，传统教学模式只是讲解有关的语法规则，而后让学生做大量的相关练习，然而纷繁的语法规则和大量的语法练习常常让学生茫然不知所措。传统语法教学把英语语法学习当作一个简单的刺

---

① 中华人民共和国教育部. 全日制义务教育普通高级中学英语课程标准（实验稿）[S]. 北京：北京师范大学出版社，2005.

激-反应的过程，而忽视了它是一个复杂的认知心理过程。

多媒体技术在外语教学的广泛应用促进了教学方式的转变，同时也为语法教学提供了新的教学手段，教师可以利用多媒体有效地组织各种语法教学活动。多媒体系统能储存大量的文图资料和动画信息，其多维度的信息传递，多重感官的刺激可以使人的大脑皮层更加兴奋，丰富学生的感性认识，促进学生对语言的认知。多媒体技术可以作为建构主义学习环境下的理想认知工具，利用多媒体网络进行交互式语法教学，可以改变传统教师单纯讲授课本枯燥乏味的教学模式，使学生能根据学习的需要从电子读物或网络中获取信息进行加工与构建自己的语法知识。同时，交互式语法教学可以通过人机操作来进行，教师和学生可以借助计算机对语法资源进行阅读、查询、检索，对所得资料进行分析、比较、选择取舍和加工处理，从而进行意义建构。同时，在语法教学过程中，我们也可以借助多媒体教室和网络通信技术的交互功能，建立师生合作和生生合作的机制，进行教学设计，活化语言输入，为英语语法教学提供更广阔的空间。

多媒体网络技术在英语语法教学的应用，能够实现教师指导下的人机交互学生自主学习，充分发挥学生的主动性，激发学生学习语法的兴趣，提高学生的语言综合运用能力，培养新型的学习理念，促进教学改革与发展。

四、交互式语法教学实践的效果

在经过一学年的教学实践后，笔者发现学生的语言知识比以前更加扎实了。究其原因，很多同学都反映在口语练习中，运用语法知识与老师和同学交流，能巩固语法知识点，并且减少口语和书面表达中的语法错误。为了进一步了解交互式语法教学实践的效果，笔者进行了一次问卷调查。调查发现学生普遍喜欢该教学模式，91%的同学认为这种教学方法不但能更好地学习语法知识，而且也能提高表达能力。其他9%的同学感到不满意或不太满意。主要原因有以下几个方面：其中4%的同学认为听、说、写的交互活动开展得不够，尤其是写的方面；5%的同学认为由于自己的基础差，无法运用语法语言知识进行有效的交互活动，不适应该教学方法。

从教学效果来看，交互式语法教学受到学生的普遍欢迎，能有效地激发学生学习的内在动机，促进师生之间和学生之间的交流，培养学生的自主学习能力，有助于学生语言知识的内化和表达能力的提高。其次，交互式语法教学能够使语言形式、语言意义、语言功能三者有机结合起来，注重语言的发展、以学生为中心和学习的过程，改变了以前教学中知识传授比重较大、语言实践不足的情况，促进了教学的改革。但是，要注意的是在教学过程中，还要多加强写的方面的交互练习；要多关心后进生的学习，帮助他们课后复习和巩固语言知识，提高自信心，鼓励他们积极主动参与交互活动，在语言实践中学习英语。

教学实践证明，交互式教学不但不排斥语法教学，而且可以有机地安排语法教学活动，对语言的结构与交际功能同等的重视，能有效地提高学生的交际能力。交互式教学在中学英语语法教学中的应用符合语言本质意义，有利于新课程标准的实施和学生综合语言运用能力的提高。

以评促学的初中英语试卷讲评课探析[①]

摘　要：试卷讲评是初中英语教学中的重要环节，有利于教师及时向学生反馈评价结果，促进学生反思和不断进步。以评促学的试卷讲评课有助于学生对所学知识进行查缺补漏、培养解题技能并构建知识网络。通过合作、交流、互动、探究、反思等学习方式来加强学生学习的能力，促进学生认知和情感的发展，提高课堂教学的实效性，实现教学相长，发挥测试真正意义上的评价作用。

关键词：以评促学；初中英语；试卷讲评课

Abstract：Commenting on the test papers is one important part in junior middle school English teaching, and it is helpful for the teachers to give evaluation feedbacks to the students, promoting students' reflection and development. The class of commenting on the test papers could promote students' learning, develop students' skills in handling problems and construct their knowledge. Through cooperation, communication, interaction, exploration and reflection, etc. to develop students' learning competence, it can promote the students' cognitive and emotional development, improve efficiency of English teaching, facilitate teaching and learning, and achieve the effect of evaluation function.

Key words：using evaluation to promote learning；junior middle school English；the class of commenting test papers

---

① 骆凤娟. 以评促学的初中英语试卷讲评课探析［J］. 基础教育研究，2019（5）：61－63.

一、引言

《义务教育英语课程标准（2011年版）》关注评价，将评价作为小学和初中英语课程的重要组成部分，对英语教学提出了更高、更具体的要求，强调评价应关注学生综合语言运用能力的发展过程以及学生在学习过程中情感态度、价值观念、学习策略等方面的发展。在课程实施的过程中，评价应起到监控教学过程、反馈教学信息、激励学生学习、促进教师改进教学的重要作用。[①] 测试是中学英语教学的重要评价手段，教师通过讲评试卷及时向学生反馈评价结果，帮助学生了解不足，促进学生语言习得，为教师改进英语教学提供有效的教学反馈信息，有利于教学质量的提高。

目前，国内外教育评价越来越重视它的促学功能，评价的目的也由传统的"对学习的评价"转向"促进学习的评价"。[②] 初中试卷讲评课不仅要对学生的英语学习进行评价，还要发挥评价对学习促进的作用，加深学生对英语语言知识的理解，提升学生的认知能力。试卷讲评课还承担着培养学生问题意识、独立思考、辩证地分析问题、评价和创新等思维能力的任务。[③] 因此，能不能上好试卷讲评课直接影响学生的英语成绩、学习方法和思维能力。然而，很多初中英语教师未能合理安排英语讲评课中"讲""评""学"的活动，对试卷讲评课的认识不够。对讲评课进行研究，对初中英语教学有着十分重要的意义。但是目前相关探讨不够深入，有待进一步的研究。

二、当前初中英语试卷讲评课的问题

在英语课堂中，教师讲评试卷实际就是为学生提供反馈，以评价引领和促进学生的英语学习。高质量的试卷讲评课能有效地巩固学生的知识，提高学生的语言综合运用能力，提高教学效果。调查发现，在当前积极培养学生英语学科素养的课堂教学背景下，初中英语试卷讲评课仍然延续传统的上课模式，教师讲评，学生做笔记，师生互动少。"满堂灌"的教学模式忽视了学生的发展需求，教师成了整节课的控制者，占据课堂的绝大部分时间，未能充分发挥"讲"与"评"的作用，教学效果不尽如人意。

[①] 中华人民共和国教育部. 义务教育英语课程标准（2011年版）[M]. 北京：北京师范大学出版社，2012.

[②] 王捷. 以评促学——英语教学中的形成性反馈应用研究 [J]. 当代外语研究，2015（5）：35-40，76-77.

[③] 唐玉婷. 核心素养视域下的高中英语试卷讲评课 [J]. 中小学英语教学与研究，2017（7）：66-69.

很多初中英语教师教学缺乏规划，试卷讲评课教学内容和讲解速度安排的不合理。在教学过程中，按顺序一一讲评完试卷，未能有的放矢地针对知识难点和学生疑惑之处进行重点讲解，教学效果不理想，学生对疑难问题未能深入理解。有的初中英语试卷讲评课组织形式不科学，教师"满堂灌"，课堂气氛或沉闷或吵闹，学生的注意力无法集中，教师无法调动学生的课堂参与积极性。而教师"对答案"式的讲评未能以学生为中心，主要体现在学生被动地听，忙于核对答案，缺乏师生和生生之间的讨论。尤其在英语阅读理解方面，仅仅依靠核对答案无法从根本上提高学生的英语阅读能力。教学忽视了学生不同层次的发展需求，后进生抱怨听不懂，讲评速度过快；优秀生则希望教师能够教授更多的英语语言知识。在试卷讲评课中，很多教师未能采取合理的授课模式，导致未能充分调动学生英语学习的积极性，因此初中英语试卷讲评课质量亟待提高。

三、以评促学的初中英语试卷讲评

英语教学过程中存在的"教"与"学"的很多问题都需要通过评价来诊断，才能有效解决相关问题，提升教学质量。然而，只关注教学活动的结果，忽视对教学过程的评价，是无法充分发挥其诊断作用的，这不利于教师更好地了解教学情况和学生学习情况，进而调整教学模式。教育评价应从重结果转变为重过程，这是现代教育评价在内容上的重大改革。① 对试卷进行讲评，分析总结教学问题，有助于教师更好地了解教学的情况，有效帮助学生认识自己的不足，改进学习方法，更好地提高英语综合语用能力。为提高教学质量，初中英语教师应把试卷讲评课上好、上"活"，激发学生的学习兴趣，提高学生的语言技能，培养学生的英语学科核心素养。

（一）课前合理安排，提高学生的自主学习能力

自主学习能力的形成有助于学生做好英语学习的自我管理，养成良好的学习习惯，拓宽学习渠道，提高学习效率。② 考试结束后，学生应根据考试时自己所出现的错误进行自我修订，分析错误的根源所在，提高自主学习能力。试卷评讲课前，教师要备好课，区分好不同层次的语言知识和语言问题，分析试卷中学生出错率高的题目，找出原因所在，才能有针对性地为学生答疑解惑，避免"满堂灌"现象的出现。另外，教师通过让学生了解自己

---

① 束定芳. 外语教学改革：问题与对策［M］. 上海：上海外语教育出版社，2005.

② 王捷. 以评促学——英语教学中的形成性反馈应用研究［J］. 当代外语研究，2015（5）：35-40，76-77.

的测试结果，在思想上和知识上做好准备，便于在课堂上进行讨论。讲评试题前，教师可以布置任务让学生先修改自己做错的题目，分析做错的原因，总结归纳试卷所涉及的英语知识要点。很多时候，学生通过独立查阅词典或上网查找相关资料，对一些错题稍加思考便会茅塞顿开，能够找出错误原因并自己订正错误，进而提高自主学习能力。建构主义认为，知识是学习者与周围环境在相互作用的过程中构建起来的。学生通过与教师和同伴互动，通过思考和合作探究，能够更好地习得英语知识，外部力量和内部力量相互作用，能够促进学生的认知水平不断提高。更为重要的是，学生通过自主纠错、利用各种信息资源纠错等方式进行积极主动的学习，反思和调整自己的学习行为，能有效提高自身的自主学习能力。

（二）课内互动交流，培养学生的思维品质

思维品质是指思维在逻辑性、批判性、创新性等方面所表现的能力和水平。在讲评试卷的过程中，教师要注意引导学生合作探究问题，通过语言实践加强学生之间和师生之间的语言互动与情感交流，让学生更好地习得英语。在反馈的过程中，教师还应给予学生更多师生之间或同伴之间交流和沟通的机会，创造良好的反馈环境。

在试卷讲评中，开展生生、师生互动交流目的是为学生创设思维摩擦和碰撞的机会，让学生在民主、平等、和谐、积极向上的课堂气氛中激发自己的思维潜能。如教授以下单选题：Tom has done as much as he can _____ the poor in the last ten years.

  A. help B. to help C. helping D. helped

此题很多学生受 can 的影响，误选了 A 项；有些学生受 in the last ten years 的影响，误选了 D。教师让学生分组讨论问题，让他们充分表达自己的观点，加深对语言问题的认识。最后，小组代表发言时，一位学生表示："这是一道陷阱题，受情态动词 can 后面加动词原形这一思维定式的影响，让我们误选了 A；又用一个过去的时间 in the last ten years，让我们误选了 D。实际上这道题的主语是 Tom，谓语是 has done，as much as he can 是宾语，其中 he can 是后置定语，后面不定式充当状语。整个句子的意思是在过去十年，Tom 尽可能多地去帮助穷人。因此我们应该选择 B 答案。今后我们碰到此种类型的题目时，要从内容分析，真正理解句子的意思，不要盲目选择。"这位学生的讲解赢得了同学们的热烈掌声，在众人钦佩的眼光中，他体验到了成功的喜悦。接着，教师乘胜追击，又给学生出了另一道题：She spent as much time as she could _____ the delicious food yesterday.

  A. make B. to make C. making D. made

教师让学生找出句子的主干，由上一题得到的启示，学生很快就能回答:"She spent…是句子的主干"。教师可以继续追问:"as much time as she could 是什么成分?"学生回答:"修饰成分。"老师问:"此题应该选择哪一个选项?"学生:"C。"教师假装不解地发问:"为什么?"学生争先恐后地回答:"因为 spend some time (in) doing sth."。教师创设问题情境,引发学生思考,加深他们对英语语言知识的理解,使他们获得更大的进步。

语言迁移是语言学习者必须面对的一个问题,它包括正迁移和负迁移。英语教学中的正迁移,是指在教学中,教师充分利用学生已有汉语和英语知识的积极影响。这种正迁移现象,使难点变得简洁明了。① 上面的例子教师就运用了知识的正迁移现象,让学生很快地找出了问题的答案,提高他们的成就感。与此相反,英语教学中的负迁移是指受汉语习惯和已有英语知识的干扰,学生在学习过程中容易出现认知错误或障碍。教师在教学过程中可以列举出一些典型的中式英语,让学生思考并改正,激发他们学习英语的兴趣,加深他们对中英两种语言的理解。

在讲评试卷的过程中,教师要适当预留时间给学生思考,与学生共同探讨疑惑,一起解决问题。教师要给学生提出问题的机会,引导学生自主解决问题,同时要多给予表扬和肯定,策略性地对待学生所犯错误,提升学生的自信心。任何科学的发现与技术发明都不可能一蹴而就,不容许出现错误其实就是堵塞了人们通往发现与发明的道路。② 在学生之间以及师生之间的讨论与合作中,学生的知识盲点在暴露的同时得以解决,学生的英语交际能力在语言实践交互活动中得到提高。讲评试卷并非教师的独角戏,教师应创设条件,促进师生之间和学生之间的交流与互动,共同解决问题。基于互动的语言实践活动让课堂更加充满活力,可以更好地增强学生学习英语的自信心,培养他们的批判思维和逻辑推断能力。

(三)课后自我反思,完善学生的学习档案袋

学习档案袋是存储学生作品的地方,为学生提供了一个自我展示的空间,它是学生学习成果的汇集。主要包括学生的作品及对作品的反思,不仅能够帮助学生理解、扩展所学的知识,还可以使读者对学生及其学习情况有一个大致的了解。③ 试卷讲评后,学生可以将试卷以及此次测试后对学习的反思一同收入学习档案袋。教师要引导学生反思,让他们更好地了解测试中

---

① 曲端. 学科教学难点分析与对策 [M]. 北京:光明日报出版社,2011.

② 束定芳. 外语教学改革:问题与对策 [M]. 上海:上海外语教育出版社,2004.

③ 胡健. 档案袋在学生自主学习能力培养中的应用 [J]. 山西师范大学学报(自然科学版)2014,28(S2):115-116.

出现的问题及取得的进步,为学生创造思考和解决问题的条件,提高他们的反思能力和解决问题的能力,提升学生英语学习的成就感。

教师通过帮助学生建立英语学习档案袋,让学生更好地了解自己英语学习的过程,更深刻地理解语言学习的本质,提升学生的自我评价能力,提高他们的英语学习能力。学习档案袋对于教师的成长也有重要的意义,它最大限度地提供了有关学生学习与发展的重要信息,真实地反映了学生的学习历程。[①] 教师翻阅学生的学习档案袋,认真查看学生的试卷反思,及时了解学生学习过程中取得的进步和不足之处,并对档案袋进行评议和反馈,以便对学生的学习进行正确的评价,形成对学生的准确预期。同时,这有利于教师反思教学,改进不足,提高英语教学的质量,促进自身专业的可持续发展。

四、结语

有生命力的课堂教学是生机勃勃、活力无限的,不是简单的知识传授过程,而是师生共同成长的历程。[②] 初中英语试卷讲评课要注重发展学生的自主学习能力,通过分组讨论、语言实践交互活动,提高学生的自我反思能力。同时,在讲评过程中要注重激发学生的学习兴趣,引发学生积极思考,让他们乐于表达自己对英语语言文化问题的见解。英语试卷讲评课中要注重体现学生的主体地位,教师要创设情境和条件引导学生讨论问题,促进师生之间和学生之间的交流与合作,更好地发挥英语课程的工具性和人文性功能,提高学生的核心素养。另外,在讲评课中,教师要注意转变角色,要善于、乐于倾听学生对英语问题发表的不同见解,与学生交流想法,鼓励学生畅所欲言。师生间彼此信任,在平等民主的对话中构建知识、提升能力、发展学生的英语学科核心素养,实现教学相长,才能发挥测试真正意义上的评价作用。

[①] 金娣,王钢. 教育评价与测量 [M]. 北京:教育科学出版社,2007.
[②] 张玉枝. 关于构建动态生成语文课堂的几点思考 [J]. 成才,2004(04):25-26.

二、说课·评课

说课[①]
人教版 《英语》必修 1
Unit 3 Travel Journal——Journey Down The Mekong

摘　要：本节课上课内容为人教版高中《英语》必修 1 中 Unit 3 Travel Journal 中的阅读材料 Journey Down the Mekong。在教学过程中，笔者注重培养学生的思维品质，读前教学活动围绕文本话题，激发学生的心理图式；读中教学注重梳理文本内容，构建文本结构，为学生搭建认知支架；读后教学注重拓展文本内涵，发展学生评判性思维。

关键词：阅读教学；思维能力；问题

Abstract: The teaching material of this class is Journey Down the Mekong in B book I Unit 3 Travel Journal, published by People's Education Press. In this class, the author attaches great importance to cultivate students' critical thinking ability in teaching. Before reading, the teacher focuses on the theme of the passage and tries to activate students' schema. While reading, the teacher helps the students analyze the content and build up scaffolding for the students. In the post-reading activities, the students try to read beyond lines and develop their critical thinking with teacher's help.

Key words: teaching reading; ability of thinking; question

一、教材分析

本节课使用的教材是人教版高中《英语》必修 1，具体的上课内容为 Unit 3 Travel Journal 中 Reading 部分的文章 Journey Down the Mekong。本节课是此模块的第一课时，是阅读课型的新授课，是这一单元阅读课的关键环节，

---

① 郭娟. 说课——人教版《英语》必修 1 Unit 3 Travel Journal [J]. 基础外语教育，2018，20（3）：82-88，111.

能否上好这一节课影响到后面整个单元教学任务的完成。文章主要内容是主人公王坤（Wang Kun）和姐姐王薇（Wang Wei）想骑山地车旅行，于是选定了沿着云南西部的澜沧江，也就是湄公河作为旅游路线。他们选择海拔5000多米、空气稀薄的高山作为骑车旅行的起点，这注定是一次非常刺激的旅行经历。课前，笔者通过引导学生查阅资料，让他们了解河流的特点和流向，沿途所要经过的地形和相关的地理知识，开阔学生视野，激发他们的心理图式。课中，笔者注重通过引导学生阅读获取信息，学习与自然地理有关的英语表达，训练他们的阅读技能，还要让他们懂得如何做好旅行前的准备工作，例如选择自己感兴趣的旅行地点、确定旅行路线、查找地图等。在教学过程中，笔者注重通过英语阅读教学培养学生的综合语言运用能力和思维能力，引导学生分析王薇、王坤的性格特征，思辨地看待姐弟二人的性格，提升他们的评判性思维能力。

二、学情分析

本节课的授课对象为广东省湛江市某中学高一年级某班学生，共54人。经过小学、初中多年的学习和高中前半个学期的努力，学生已经具有较好的听、说、读、看、写能力。该班为高一年级的理科重点班，学生的思辨能力强，英语基础较好，具备一定的词汇量，能够用英语获取、处理文本信息，英语综合运用能力较强。大部分学生思维活跃，开朗外向，乐于用英语表达、分享自己的观点，已具有初步的分析和解决问题的能力。

另外，绝大部分学生没有在国外学习的经历，但是他们对本节课的主题"旅游"并不陌生，学生学过相关的地理知识，对湄公河（澜沧江）较为熟悉。他们都有一定的旅游经历，对旅游的计划、前期准备有经验，喜欢谈论自己旅游过的地方，具有初步的英语语感，能根据已掌握的英语知识和上下文推断意义。但是由于文化知识和词汇积累等有限，阅读一些地理知识较多的英语文章有一定的挑战，大部分学生无法流畅地使用英语表达自己的情感和观点。

三、教学目标及重难点

在进行教学目标定位时，首先要基于文本解读，然后依据学情确定教学目标，随之围绕教学目标进行教学活动（叶恩理等，2015）。基于以上的教材和学情分析，本节阅读课侧重培养学生的思维能力，本课教学目标及重难点如下。

本节课教学目标主要包括知识目标、能力目标和情感态度目标。知识目标是通过本节课的学习，学生能掌握描写人物性格以及一些有关地理的单词和短语，如 make up one's mind, determined, stubborn, imaginative, adventurous, careful, organized, glacier, rapid, deep valleys, waterfall, make bends or meanders 等。能力目标是通过学习，学生能够依据标题预测文本内容，能够理解文本细节信息、主线和结构，能用英语及新学习知识分析王薇、王坤的性格特征，思辨地看待姐弟二人的性格以及此次旅行的"伟大"之处，提升评判性思维能力。情感态度目标是通过小组合作交流，培养学生的团队合作精神；通过对文本内容的深入解读，引导学生学习王薇坚定执着、勇于冒险的精神和王坤细心周到、善于质疑的优秀品质。

本课教学重点，一是通过教学让学生学会用英语描写人物并分析其性格，掌握一些与地理相关的英语表达；二是通过阅读及分析文本，让学生掌握贯穿文本的主线和文章结构特点。难点是学生能够用英语分析人物的性格特征并流畅表达自己的观点。

四、教学设计

本课教学设计分为读前、读中、读后和深化提升等四个环节。在教学过程中，笔者注重培养学生的思维能力，基于语言实践和交互，由浅入深、循序渐进地推进教学各项活动顺利展开。笔者分别设计了展示型问题、参阅型问题和评估型问题等不同类型的问题和任务，设问侧重各有不同，促进学生思维活动层次逐渐提升。通过小组交流讨论、思维碰撞、观点分享，促进学生对课文内容和文本内涵的理解，提高学生的英语语言综合运用能力。

（一）启动先行认知，激发学生心理图式（6分钟）

1. 经验分享，词汇铺垫

读前，教师围绕文本话题，通过图片分享自己在国外求学后的旅游经历，学习话题相关词汇，师生对话如下（T 代表老师，Ss 代表学生）：

T：Hello, everyone. Look at this picture. Can you guess the name of the university?

Ss：No. It seems in the United States.

T：It's Princeton University in the United States. Luckily, I had a chance to study there, and I made up my mind to travel the USA alone. But my friends at home didn't agree with me. Do you know why?

Ss：It's not safe. /It's not interesting…

T：Right. It is not very safe for a Chinese girl like me to travel alone in the USA. They were concerned about my safety. However, I was very determined and considered it would be a safe and fantastic trip with full preparation. Once I made up my mind, nothing could change it. So my friends said that I was so stubborn. I was not sure where I should go. Suddenly a good idea came to my mind. So I came to this place. Do you know where it is?

Ss：The Niagara Waterfalls.

T：Yeah. At that time, I was very <u>imaginative and adventurous.</u> And before the journey, I was very <u>careful and organized.</u> So I had a very wonderful trip.

本环节教师通过问答与学生互动，充分利用自己的亲身经历，创设语境，让学生看一幅大学的图片，猜测图片中大学的名称，然后告诉学生这是笔者在美国学习的学校——普林斯顿大学，再引出独自在美国旅游的经历，边听故事边学习话题相关词汇 determined，stubborn 等，为后续阅读做好词汇铺垫。

2．猜测游戏，背景铺呈

经验分享后，进入猜测游戏环节。笔者设计了看图说英语的互动活动：Here are some famous rivers in China. Do you know their names? 引导学生做问答游戏。首先笔者让学生看图片，听英语介绍，然后再猜出河流的名字，之后笔者用动画呈现正确答案。问题涉及长江（the Yangtze River）、黄河（the Yellow River）、珠江（the Pearl River）、澜沧江（the Mekong River）（流出国境后称为湄公河）等，图片上配有河流典型特征及英文描述。学生积极参与英语语言实践活动，兴趣盎然。最后笔者呈现了一幅有关澜沧江流向的地图，让学生观察并用英语说出澜沧江的特征及流经的国家。

本环节的主要目的一是进一步激发学生的阅读兴趣，二是激活学生的原有认知，建立与即将要学习的新知识之间的联系，把和语篇相关的背景知识生动、形象地展示给学生，对湄公河背景知识做必要的铺垫和呈现，为阅读扫除一定的障碍。

3．内容预测，标题质疑

学生猜出最后一个题目的答案是湄公河后，笔者试图让学生通过标题预测文本内容，并且质疑标题 Journey Down the Mekong 中的 down 能否换成 along 或 up，让学生带着问题进入后续阅读。

标题好比是文章的"眼睛"，从中不仅能揣测作者的写作意图，也能预测文本的主要内容和大致框架，还能获得更多潜在信息（梁美珍等，2013）。因此通过解读标题预测文本内容，启动学生先行认知，为后续阅读做好铺垫；质疑标题，激发学生对文本进行深入思考，培养学生的思维能力。

（二）梳理文本内容，为学生搭建认知支架（24 分钟）

读时，笔者首先引导学生了解文本主要内容、文体以及文章结构，然后按照段落顺序细读，通过一系列的问题链梳理文本内容，构建有效信息，凸显文本结构和主线，为学生搭建认知支架。

1. 浏览短文，回答下面的问题

（1）What type of writing is the passage? Is it argumentation, narration, description or exposition?

（2）What are the main elements of narration?（见图 1、图 2）

Wang Kun and his sister Wang Wei are dreaming about taking a great bike trip.

图 1

They have the ideal to cycle along the Mekong River from where it begins to where it ends.

图 2

（3）Skim the text and choose the main idea for each paragraph（见图 3）.

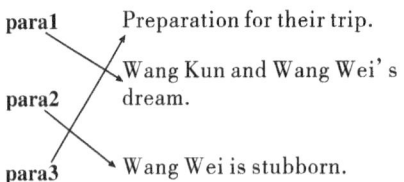

图 3

本环节通过三个问题帮助学生了解文本大意。问题一要求学生了解文本文体特征：记叙文；问题二让学生找出记叙文的四要素，即 Who, What, Where and How，有助于学生从整体上把握文本内容及记叙文的要素；问题三让学生选出每个段落的大意，为下文进一步分析文本结构做铺垫。

2. 仔细阅读第一段，回答下面的问题

（1）What was Wang Kun and Wang Wei's idea of a good trip?

（2）For what purpose are the two characters Dao Wei and Yu Hang introduced in the passage?

（3）Read the following sentences and talk about Wang Wei's personality:

a. She persuaded me to buy one; she soon got them interested in cycling too.

b. Wang Wei first had the idea to cycle along the entire Mekong River.

c. Ever since middle school, she dreamed about taking a great bike trip. After college, she planned to cycle along the entire Mekong River.

第一个问题是展示型问题，学生可以凭借表层理解、短时记忆或是快速查找即可找到答案。此问题旨在引导学生找出王薇和王坤的梦想和旅行计划，引出文本的主题——骑自行车沿湄公河旅行。第二问题是参阅型问题，学生作答时需要在一定程度上参阅文本内容，同时要结合已有认知和经历才能得出答案。此问题旨在引导学生深入思考作者引入刀卫（Dao Wei）和宇航（Yu Hang）的写作目的，通过分析推断可得知这其实是他们旅行前的准备之一——组建旅行团队。第三个是评估型任务，学生在文本中不能直接找到答案，需要从不同角度和层面，结合逻辑和情感得出综合性的评价和结论。此问题旨在让学生了解王薇的性格特征：persuasive "会说服人的"（句子 a）、imaginative "富有想象力的"（句子 b）和 determined "坚决的"（句子 c），为后续阅读做铺垫。

3. 仔细阅读第二段，回答下面的问题

（1）What did Wang Wei still need to do to be fully prepared for the trip?

（2）How do you know Wang Wei is really stubborn?

（3）What do you think of Wang Kun?

（4）Who do you think can do better in organizing the trip? Why?

第一个问题是展示型问题，旨在让学生找出旅行前王薇还需要准备哪些东西，根据文本学生很容易找到答案：the best way of getting to places；the time to leave and return；the details of Mekong River；the difficulties about the journey. 此问题是第二个问题的铺垫。第二个问题是参阅型问题，旨在让学生了解王薇固执的性格特征，是第三个问题的铺垫。第三个问题是评估型问题，通过对王薇的分析，对比之下得出了王坤的性格特征：careful（细心）、organized（有组织）、critical（有批判精神）和 practical（务实）等，为第四个问题做好铺垫。在学生回答前三个问题之后，笔者设计了第四个问题，学生根据自己的生活经验发表看法，此问题主要给学生独立表达观点的机会，对发挥学生的主体性和培养学生深层思维能力有重要作用。

4. 根据第三段，看图填空

（1）The Mekong River begins in <u>a glacier on a mountain</u> at an altitude of 5000 meters.

（2）The river is <u>small</u> and the water is <u>clear</u> and <u>cold</u>.

（3）It becomes <u>rapids</u> as it passes through deep valleys.

（4）Sometimes it becomes a <u>waterfall</u> and enters wide valleys.

（5）After it leaves China and high altitude, it becomes <u>wide, brown and warm</u>.

（6）After it enters Southeast Asia, its pace slows. It makes <u>bends or mean-</u>

ders, through low valleys to plains.

(7) At last, the river delta enters the South China Sea.

本环节的设计目的有两个，一是让学生观察图片并结合第三段的内容填空，学习有关地理知识的词汇和短语，也是本节课的语言目标重点。图片生动形象直观，为学生语言学习提供了丰富的语境，便于学生更好地理解目标语言。学生一看到图片即可说出相关词汇，反应热烈。二是梳理文本第三段表层信息，把文本主要内容转换为图片（图4），易于理解并为下文分析湄公河的流向和特点做铺垫。

5. 看图回答下面的问题（见图4）

Where is the source of the Mekong and which sea does it enter? Can we change the title into "Journey along the Mekong" or "Journey up the Mekong"?

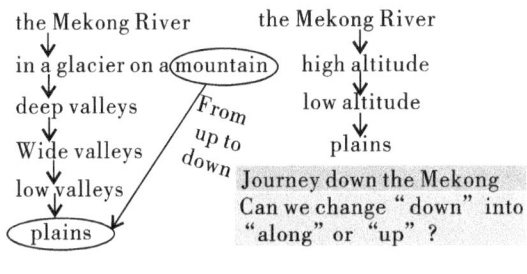

图 4

本环节主要是通过学习与地理相关的词汇，帮助学生理解湄公河的流向和流经的地形，培养学生的时空概念和时空判断的思维能力。此外，再次回归标题，让学生结合已获取的信息再次对标题进行解读和评判，通过对第三段文本信息的分析，学生对读前的问题 Can we change the title into "Journey along the Mekong" or "Journey up the Mekong"? 有了清晰的认识：河流是自上而下、由北向南的流向，用 down 最恰当。

6. 分析文章的结构（见图5）

任何文本在行文的时候都有或明或隐的主线。若能够抓住文本主线，那么课堂教学就能紧扣目标，思路明晰，主次分明，重点突出[1]。本环节教师引导学生再次阅读全文，找出文本的时间主线：Two years ago, she bought an expensive mountain bike, and then she persuaded me to buy one. Last year, she got our cousins interested in cycling. After college, we had a chance to take a bike

---

[1] 叶恩理，翁颖卿，汪润，等. 英语阅读教学中的目标定位：综合视野视角[M]. 杭州：浙江大学出版社，2015.

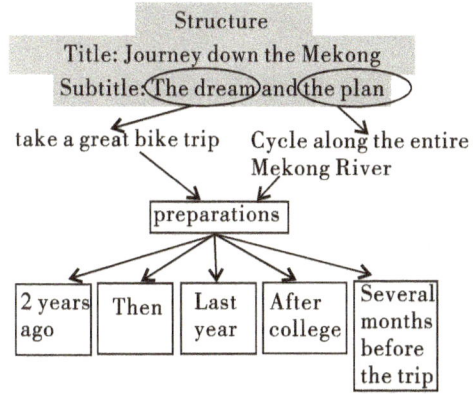

图 5

trip. Several months before the trip, we went to the library to search for the detailed information about Mekong River. 为学生搭建认知支架,帮助其掌握文本结构。

(三)基于问题设置,拓展文本内涵(8分钟)

阅读教学的主要目的是帮助学生理解文本、拓展内涵、发展思维①。在读前和读中环节,学生已启动认知机制并理解了文本的基本内容。在读后环节,笔者设计了以下问题帮助学生拓展文本内涵,内化文本思想,让学生结合原有认知,对文章内容发表自己的看法,培养学生的批判性思维能力,使其成为具有评判能力的读者。

(1) Would you like to join them? Is it a great bike trip? Why?

(2) Who do you think would be a better leader of the group, Wang Wei or Wang Kun? Why?

本环节教师让小组合作讨论,小组代表分享展示。基于认知支架的搭建和语言知识的铺垫,学生乐于表达自己的看法。在展示环节,小组代表争相举手发言。对于第一个问题,有的小组想要加入他们,因为这是一次刺激的旅行,是挑战自己的机会并且可以欣赏奇妙的自然景观,锻炼自己野外生存的能力。有的小组不想参加,因为有太多不确定因素,比较危险。笔者及时对他们的回答做出反馈和总结:此问题没有固定答案,只需根据自己的实际情况做出合理取舍。对于第二个问题,发言的两个小组一致选择王坤作为团队的领导,认为他细心周到、思维缜密、谨慎可靠。于是笔者抓住契机发表

---

① 梁美珍,黄海丽,於晨,等. 英语阅读教学中的问题设计:评判性阅读视角[M]. 杭州:浙江大学出版社,2013.

了个人看法：也许正是王薇的固执才使得这次旅行成为可能，因此，我们要一分为二地看待二人的性格特征。

基于读前和读中环节对文本信息的梳理，读后，笔者设计了两个评估型问题，旨在帮助学生更好地理解文本内容，结合自身生活经验发表看法。学生的思维非常活跃，回答第一个问题时，大多学生在笔者的引导下能用英语说出旅途的挑战性和趣味性，很多同学能够使用 glacier（冰川）、waterfall（瀑布）、valleys（峡谷）、bends（弯道）、meanders（河流蜿蜒缓慢流动）、river delta（河流三角洲）、exciting and challenging（令人兴奋和富于挑战性的）等新学习的词汇。该问题有助于学生巩固新知识，更好地实现知识目标和能力目标。第二个问题旨在引导学生思辨地看待王薇和王坤的性格以及评估二者的领导才华，有助于培养学生分析问题和解决问题的能力。

（四）作业布置，深化提升（2分钟）

课后作业让学生收集更多有关湄公河的信息，并为姐弟二人选择最合适的旅行路线（Collect more information about Mekong River and choose the most suitable route for Wang Kun and Wang Wei.）。这一作业任务实际是课堂教学活动的延续，能够检验和巩固教学效果，让学生通过完成作业更好地拓展知识面，巩固课堂所学知识，同时给学生提供选择旅行线路的自由，让学生在"做"中学，在语言实践中获得成功的喜悦。

五、教学反思

在整个教学过程中，笔者注重语言实践，通过一系列的交互活动引导学生学习课文，让学生在思考、实践、分享和反思的过程中习得语言知识，提高思辨能力，较好地完成了教学任务。课后，笔者对这节阅读课进行了反思。

首先，本节课教学目标明确，教学注重培养学生的批判性思维。读前阅读教学活动围绕文本话题，激发学生的心理图式，让学生尽快地熟悉旅行的话题及相应的英语表达，促进新旧知识的对接与联系；读中教学凸显文本结构和主线的梳理，注重提高学生分析、归纳问题的能力和阅读策略的培养；读后教学注重拓展文本内涵，加深学生对文本的理解，进一步发展学生的思维能力。

其次，教学过程中设置的问题层次清晰，由浅入深，循序渐进，环环相扣。笔者设计了三种不同类型的问题：展示型问题、参阅型问题以及评估型问题。其中前两种类型的问题要求学生在文本中寻找问题的答案或答案的依据，评估型问题要求学生在理解文本内涵后，结合自己的生活经验和原有认知，经过分析、综合、推理、判断得出自己的答案，也就是引导学生由浅层阅读逐步走向深层次阅读，问题由易到难，层层深入，符合学生认知规律，激发学生的学习潜能。

最后，课堂教学以学生为主体，充分调动了学生的积极性。阅读前，笔者向学生分享自己的国外旅游经历，设计猜测游戏充分调动了学生参与课堂的积极性，然后根据学生的认知水平和发展需求，引导学生通过多样语言交互实践活动，加深对新知识的理解。笔者在设计问题时考虑学生主体性，有针对性、层次性地设计各种类型的问题，而且采取了不同的提问形式，如提问（Yes/No/Wh–）问题、看图填空等形式，使各个层次的学生都能得到思辨的机会，从而使各个层次的学生都能参与课堂，因此，课堂气氛热烈，学生非常乐于参与小组讨论，表达观点。

当然本节课也有不足之处，比如在读中环节分析王坤的性格特征时，学生遇到的困难较多，笔者未能给予很好的引导；在读后环节，由于时间有限，学生小组讨论后，笔者只让两个小组代表分享了他们的观点。在以后的教学中，笔者会继续努力提升自己的专业水平和个人素养，争做新时代的优秀英语教师。

评　课[①]

摘　要：本节课导入有创意，有效激发了学生的学习兴趣和心理图式，为整个教学活动的展开做好了铺垫。设计的问题与任务从简单到复杂层层递进，教学设计符合学生认知发展规律。教学以学生为主体，师生互动自然流畅，有效地发展了学生的英语思维能力，很好地实现了课堂的目标。

关键词：问题；认知发展规律；互动

Abstract：The lead-in of the class is creative, which effectively arouses students' interest and activates students' schema, laying a good foundation for the development of the whole teaching activities. Questions and tasks are designed according to their complexity, and the teaching design conforms to the students' cogni-

---

① 本文是对郭娟老师所上的课的评价，详见骆凤娟. 评课——人教版《英语》必修1 Unit 3 Travel Journal [J]. 基础外语教育，2018，20（3）：89–91，111–112.

tive developmental rules. The teaching takes students as subjects and the interactional activities between students and the teacher develop smoothly, which results in the development of the students' English thinking ability. The class effectively realizes the teaching aims.

Key words: questions; cognitive developmental rules; interaction

英语阅读是一个涉及诸多因素的认知交际过程，也是一个极其复杂的生理和心理过程（骆凤娟，2011）[①]。但是，许多教师困于阅读课教学"语言第一、应试第一"的价值取向和机械式重复的、程序化的教学流程[②]。英语阅读课的一个重要目标就是要提高学生的英语综合运用能力，发展其使用英语解读文本、获取有效信息的能力，进而提高他们分析问题和解决问题的能力。在阅读课中，教师可以设计一系列的问题来引导学生对文本内容进行梳理和理解，对文本语言进行感知和运用，并对作者的观点、写作意图、情感态度和文化背景等进行分析和评价，开展较高层次的思维活动，培养学生的评判性思维能力[③]。郭老师通过设计不同层次的语言交互活动和思考问题，层层深入，环环相扣，帮助学生梳理文本信息，分析文本结构，很好地实现了课堂的语言知识目标、能力目标和情感目标，较好地发展了学生的英语思维能力，以下几点教学做法值得同行借鉴。

一、导入有创意，有效激发学生学习兴趣和心理图式

在读前导入环节，郭老师充当着很好的"引导者"和"组织者"角色，巧妙地将自己在美国学习的经历和所要学习的课文结合，将学生已有的语言文化背景知识和新学习的知识联系起来，有效激发了学生的学习兴趣。之后郭老师设计问题：Here are some famous rivers in China. Do you know their names?，让学生看图片、听英语描述，猜测河流的名字。郭老师选择了长江、黄河等我国著名的河流来展示，然后选择学生所在的广东省最重要的河流珠江来进行讨论，最后引出课文要学习的湄公河（the Mekong River），图文并茂，并配以英文描述，学生积极参与语言交际活动，教学效果很好。郭老师利用图片创设情境，将学生的心理图式和要学的文本图式对接，激发学

[①] 骆凤娟. 交互式教学在初中英语阅读教学中的运用 [J]. 山东师范大学外国语学院学报（基础英语教育），2011（2）：78-82.

[②] 葛炳芳. 高中英语阅读教学改进策略的思考 [J]. 课程·教材·教法，2012（1）：8-16.

[③] 梁美珍，黄海丽，於晨，等. 英语阅读教学中的问题设计：评判性阅读视角 [M]. 杭州：浙江大学出版社，2013.

生的学习兴趣，通过问答语言互动，让学生接触、学习相关词汇，很快将学生引入文本图式，引导学生利用已掌握的语言文化背景知识联系、理解和学习新的知识内容。本节课的导入针对性很强，导入的内容和课文所学内容关联度很高，富有创意、启发性强，面对全体学生，能有效地调动学生学习的积极性，为后面的教学环节做了很好的铺垫。

二、从简单到复杂，问题设计符合学生认知规律

Crawley 和 Mountain（1995）认为，阅读理解分为三个层次：字面阅读理解（literal reading）、解释性阅读理解（interpretive reading）和评判性阅读理解（critical reading）。字面阅读理解指的是读者根据文本字面意思，进行浅层信息的理解；解释性阅读理解指读者通过阅读思考，应用获取的文本信息分析并解决问题；评判性阅读理解指读者能理解文本的深层意思，对作者态度等做出评价，表达自己观点。郭老师的这节阅读课恰如其分地体现了这一点，她设计了三种不同类型的问题。比如，在分析文本第二段内容时，郭老师设计了如下问题：

（1）What did Wang Wei still need to do to be fully prepared for the trip?
（2）How do you know Wang Wei is really stubborn?
（3）What do you think of Wang Kun?
（4）Who do you think can do better in organizing the trip? Why?

第一个问题比较容易，属于字面阅读理解问题或者信息性问题，学生通过阅读课文第二段就可以找出回答问题的要点，王薇在以下方面没有准备好：进入该地区的最佳路线（the best way of getting to places）、往返的时间（the time to leave and return）、湄公河情况（the details of the Mekong River）、旅途面临的困难（the difficulties about the journey）等信息。第二个问题是解释性阅读理解问题或分析性问题，郭老师引导学生根据文本信息，通过分析问题了解王薇固执的具体表现。第三、第四个问题属于评判性阅读理解问题或评价性问题，郭老师根据文本信息，引导学生对比王坤、王薇的性格特征，让学生发表个人观点。郭老师设置的问题能很好地激发学生的学习兴趣，帮助学生检查对文本的理解与掌握的情况，激励全体学生积极参与英语交互活动，有效地提高了学生用英语分析问题的能力。同时我们可以看出，上一个问题是下一个问题的铺垫，下一个问题是上一个问题的延伸，不突兀，不跳跃，思维顺畅，自然连贯，问题设计符合学生的认知规律。在本节课阅读教学过程中，郭老师基于学生思维能力和认知水平，从简单到复杂、容易到困难、机械联系到交际取向发展设计问题，有效促进了学生思维能力的发展。思维活动是思维发展的基础，郭老师注重通过解决问题引导学生思

考，发展学生的思辨能力和解决问题的能力。

梁美珍等（2013）指出，阅读教学是教师帮助学生理解文本、拓展内涵、发展思维的一个连续进展的过程，问题设计一定要凸显整节阅读课的核心主线①。郭老师的教学设计凸显了文本核心主线，设计的问题围绕文本主体信息来展开。读前，郭老师试图让学生通过标题预测文本内容，并且质疑标题：Journey Down The Mekong 中的 down 能否换成 along 或 up。读中，郭老师引导学生梳理文本内容，寻找文本主线，所设计问题均围绕文本主体信息，如在分析文本第一段内容时，郭老师通过设置以下问题及任务来引导学生抓住主体内容：

（1）What was Wang Kun and Wang Wei's idea of a good trip?

（2）For what purpose are the two characters Dao Wei and Yu Hang introduced in the passage?

（3）Read the text and talk about Wang Wei's personality.

第一个问题引出文本主题——骑自行车沿湄公河旅行。第二问题旨在引导学生思考作者介绍刀卫（Dao Wei）和宇航（Yu Hang）两位人物的写作目的，即旅行前准备组建旅行团队。第三个问题（任务）为选择旅行团队的"领导"（leader）做铺垫。此外，郭老师在分析第三段的信息时，处理也比较得当。郭老师先让学生观察图片，然后结合填空练习形式，让学生们更好地了解河流的特点、流向及沿途所要经过的地形。这其实是旅行前的重要准备之一——了解旅行路线，并回答了读前的问题：Can we change down into along or up? 然后，郭老师引导学生抓住段落之间的联系，找到统领整节阅读课的核心主线，不仅使学生理解各个段落的主要内容，而且使他们从整体上把握文本主体信息，加深了学生对课文内容及内涵的理解。

三、以学生为中心，师生互动自然流畅

英语教学要注重学生的主体性，教师应根据学生特点与需求，设计英语教学活动，让学生在语言实践中习得英语文化知识，提高语言技能，发展心智。让学生通过感知体验、合作探究等多样活动方式形成良好的学习习惯和积极的生活态度，提高学生分析问题和解决问题的能力，促进学生英语学科核心素养的发展②。阅读教学最本质的特征是学生积极、主动参与阅读过程，

---

① 梁美珍，黄海丽，於晨，等. 英语阅读教学中的问题设计：评判性阅读视角[M]. 杭州：浙江大学出版社，2013.

② 骆凤娟. 复杂理论下二语习得复杂性研究及其教学启示[J]. 中小学英语教学与研究，2017（7）：16-19.

教师应在课堂中充分重视学生的思考①。郭老师教学注重学生的主体性,教学以学生为中心,通过设计合适的教学问题与任务引导学生参与语言实践和互动,很多问题及任务并没有标准、固定的答案,教师注重引导学生探索问题,主动构建知识。例如在读后环节,在对于 Would you like to join them? Is it a great bike trip? Why? 这一问题的回答中,有的学生给予肯定回答,因为旅行会享受自然美景;有的学生给予否定回答,因为困难重重,条件艰苦。对于第二个问题 Who do you think would be a better leader of the group, Wang Wei or Wang Kun? Why? 大多数学生选择王坤作为团队领导,因为他细心周到,思维缜密。郭老师抓住契机表达了自己的观点:也许正是王薇的坚持才使得这次旅行成为可能。整节课语言教学活动开展顺利,互动性强,师生交流自然流畅,和而不同。读后环节的任务大多为开放性的,无论怎样选择,学生表达的都是自己的逻辑思维与价值取向。郭老师充分考虑到学生的诉求和发展需求,尊重不同的观点,让学生用英语畅所欲言,参与语言实践互动活动,积极主动构建意义,有效地促进了学生英语核心素养的发展。

但是本节课也有不足之处,由于时间有限,对于读后环节的问题,只有少数几个同学有机会发表自己的看法且结束仓促,时间安排不够合理。此外,在分析王坤的性格特征时,学生遇到的困难较多,教师应该及时给予反馈,给予学生更多的提示与指导。

---

① 江敏. 如何有效开展评判性阅读教学——一次慕课带来的启示 [J]. 中小学外语教学(中学篇), 2015 (8): 59 – 64.

说课[①]
人教版《英语》必修 4
Unit 1 Women of achievement——Why not carry on her good work?

摘 要：本节课授课内容为人教版《英语》必修 4 Unit 1 Women of achievement 的阅读材料 Why not carry on her good work？在教学过程中，笔者根据学生的学习需求整合教材，读写结合，学用结合，通过多样化的语言教学实践活动，让学生在真实的语境中使用英语交际和习得语言知识，同时注重发挥英语课程的育人功能，将课程的工具性与人文性有机结合。

关键词：读写结合；小组合作；核心素养

Abstract：The teaching material of this class is the passage *Why not carry on her good work*? in student's book4 Unit 1 *Women of achievement*. In the teaching process, the author adjusts the content of the textbooks according to the students' learning needs. Combing reading and writing, learning and using, the author gives abundant opportunities for the students to learn English knowledge and use it to communicate with others through various activities. Through successfully enforcing moral educational functions of English teaching, the author integrates naturally the instrumentality and humanity of English.

Key words：The combination of reading & writing; group cooperation; key competencies

一、教材分析

本节课使用的教材是人教版高中《英语》必修 4，具体的授课内容为 Unit1 Women of achievement 中语言使用部分的文章 Why not carry on her good work？这一节读写课在整个单元中起到巩固语言知识和提高学生英语输出能力的作用。在前面的课时学习中，教师通过图片展示、阅读活动、语言交互

---

① 原载于《基础外语教育》2017 年第 5 期，详见陈晓君. 说课 [J]. 基础外语教育，2017，19 (5)：99 – 104，112.

等实践活动,让学生了解了六位不同国家、不同时期杰出女性的成就,认识到女性在社会发展中的独特地位、价值和贡献,引导学生树立正确的人生观和价值观,学生已经初步掌握了杰出女性的共同品质(the common qualities of great women)的相关词汇和表达。本节课所学的文章介绍了新中国妇科疾病专家林巧稚女士的生平及其杰出贡献。林巧稚执着的追求和坚毅的精神对学生的未来职业选择和人生观培养有着重要的启迪作用。笔者基于阅读文本,以学生的生活体验和兴趣为出发点,设计了描述身边人和小组合作写作等活动,改进语言学习方式,使语言学习从机械的文本识记向基于实践体验的语言习得转变,提高了教学质量。

二、学情分析

本节课授课对象是广东省湛江某中学高一某班,该班是高一年级的理科卓越班,学生在认知结构方面具有较好的思维能力、学习能力和学习策略,能初步使用英语获取信息和筛选信息。学生理科成绩优秀,逻辑推理能力强,初步具有分析问题和解决复杂问题的能力。

在语言水平方面,大多数学生具有良好的英语听、说、读、写技能,能够较为熟练使用略读、寻读、细节理解、推测等阅读技巧;具有良好的语法基础,能够较好地使用简单句、并列句和复合句进行口、笔头交流。通过本单元前面内容的学习,学生已收集了分类描述人物的英语词汇,初步掌握了描述伟人优秀品质的英语词汇,如 responsible, devoted, unselfish, diligent, determined, perseverant 等。

在情感态度方面,该班学生思维活跃,敢于发表见解,乐于合作,具有较强的沟通能力与合作精神,认同本单元阅读材料所包含的精神内涵(妇女在社会中扮演着重要的角色,是促进社会发展的重要力量,应该赢得社会的尊重)和价值观(正确的性别观和社会观)。

三、教学目标及重难点

笔者在教学中注重培养学生的英语学科核心素养,根据学习内容特点和教学需要,从英语学科核心素养的语言能力、文化品格、思维品质和学习能力四个方面设计教学,确立教学目标和教学重难点。

(一)教学目标

1. 语言能力目标

通过本节课的学习,让学生掌握描写、介绍人物的相关英语词汇和句式,学会谋篇布局,恰当地使用英语描写人物;在使用英语讨论和小组合作学习的基础上,提高英语阅读能力、英语口语能力和书面表达能力。

2. 文化品格目标

通过对本节课阅读文本的学习和多样的英语语言交互实践活动，让学生掌握英语语篇知识和表达习惯，促进学生跨文化交流能力的发展。通过学习课文，让学生了解林巧稚医生对我国医疗事业的突出贡献，深入感悟其执着的事业追求和高尚的奉献精神，建立正确的性别观、社会观和价值观，培养学生自信心、事业心和社会责任感。

3. 思维品质目标

本节课通过语篇分析，引导学生分类和概括文本信息，归纳林巧稚医生的三大成就，总结医师职业须具备的优秀品质；从文本中学习做研究的方法，提高研究能力；通过分组讨论和英语写作等活动，提高学生的理解、判断、表达等能力。

4. 学习能力目标

通过对林巧稚医生孜孜以求的事业追求精神的学习领悟，培养学生正确的学习观，树立自主学习和终身学习的观念；通过小组合作与写作成果展示交流，培养学生团队合作精神与友好竞争意识；通过同伴评价和学生自我评价等多种评价方式，帮助学生根据需要调整学习方法和策略。

(二) 教学重难点

本课教学重点，一是从阅读文本中归纳林巧稚医生的成就，掌握人物描写的语篇结构特点；二是用英语描述身边的人或对自己有重要影响的人。难点为灵活运用本单元所学的高级词汇和多种语法结构描述人物。

四、教学设计

本课教学主要通过语篇阅读、人物描述、小组写作合作、成果展示与评价等活动，围绕"如何描述人物"这一中心任务引导学生用英语开展听、说、读、写训练，重点提高学生的英语读写能力，通过情景化、多样化的活动培养学生的语言能力、文化品格、思维品质和学习能力等英语学科核心素养。

(一) 问题导入，搭建词汇支架 (7分钟)

本节课以教师提问引起学生对前面课时学习内容的回顾来导入，教师提出问题：We have learned about the six women of achievement in this unit. What qualities do they have in common? 让学生思考。学生踊跃地说出杰出女性的共同品质的词汇时，教师用思维导图归纳、呈现词汇（见图1），引导学生运用归类的方法积累与巩固词汇，帮助学生搭建描写人物的词汇支架。

教师继续追问：What aspects are included when we describe a person? 在学

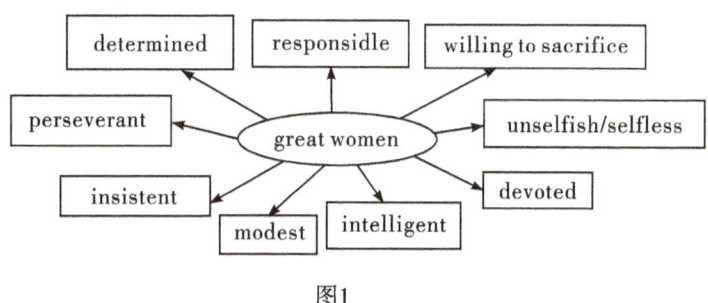

图1

生发表自己的观点后,教师再次用思维导图呈现(见图2),帮助学生搭建描写人物的语篇框架。

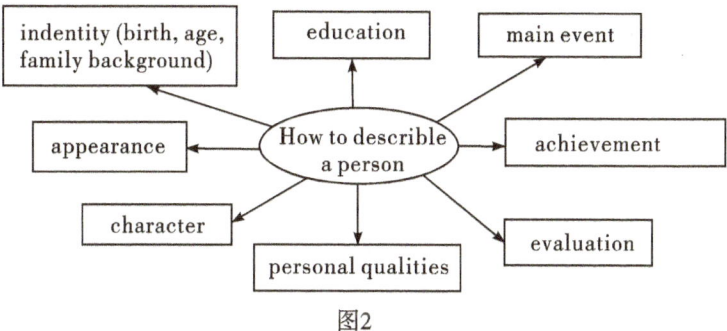

图2

教师以两个提问导入,激发学生的心理图式,复习旧的知识,学习新的知识,将新旧知识汇点成片,并运用思维导图将"杰出女性的优秀品质"的词汇和"如何描述人"的语篇框架进行归纳,让学生在原有的语言知识和生活经验的基础上进行意义构建。

(二)竞猜游戏,导出阅读文本(2分钟)

在引导学生复习归纳人物描写的词汇和句型后,进入"猜猜他/她是谁"(Guessing game—— Who is he/she)的游戏环节,要求学生用英语描述身边的人,让其他同学猜测描述的是谁,激发学生的学习兴趣,营造热烈的课堂教学氛围。之后,教师参与游戏,运用人物描写的相关词汇和句型描述:"She is important for Chinese women and children. She is the first woman doctor to specialize in women's illnesses and the problems of having babies. She is devoted to Chinese medical work. Who is she?"然后让学生猜测所描述的人物是谁。学生争先恐后地回答:"Lin Qiaozhi!"经过多样的语言互动活动,课堂就自然地进入到本单元第二篇阅读文本 Why not carry on her good work? 的阅读教学环节。

"猜猜他/她是谁"的游戏让学生运用的相关词汇和句型描写人物,是基于"学以致用"的语言学习原则而设计的,体现了英语的交际性功能,在本节课起着承前启后的作用。

(三)深度阅读,搭建语篇支架(8分钟)

通过前一环节的人物竞猜游戏,学生对阅读文本产生期待,教师通过以下三个活动帮助学生深入理解课文,为本节课的写作任务打下基础。

活动1:Scan the text and find out the answers to the following questions:

(1) What are three of Lin Qiaozhi's achievements referred to in the passage?

(2) What methods did the writer use to find out about Lin Qiaozhi? What can you learn in this passage?

教师要求学生通过对文本进行寻读,找出林巧稚医生的三大成就,提取语篇信息的同时了解课文的主要内容,帮助学生建立描写人物成就的图式,提高阅读能力。同时学会通过"提问题"的方法来做研究。

活动2:Find out the framework of describing a person.

教师引导学生观察阅读文本的第三段,归纳林巧稚女士的品格、教育、主要事迹和成就(qualities, education, main events and achievements)。教师再次运用思维导图(见图3)板书,帮助学生搭建人物描写的语篇结构支架,为写作任务打下基础。

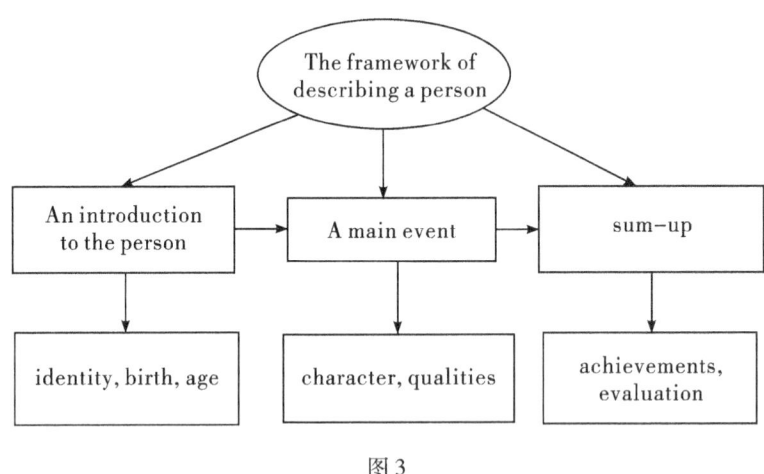

图3

活动3:Digest the third paragraph and learn how to describe a person.

教师引导学生欣赏品味该段落所使用的强调句、主语从句、宾语从句、定语从句、形容词短语做后置定语等语法结构,使学生在阅读中领悟书面表达的丰富形式。

活动2和活动3是以支架式教学理论为依据设计。写作能力不能一蹴而就，而是一个学习、模仿、运用与提高的过程。教师引导学生在阅读文本中分析人物描写的结构，品读语言表达的丰富性，帮助学生在书面表达前充分搭建支架。

（四）关注生活，情境表达（7分钟）

教师设计口头表达任务，鼓励学生运用前面环节所学的词汇、语法结构，用英语口头描述身边人的身份、相貌、性格、品质、成就并进行评价，教师及时予以评价反馈，并引导学生进行润色修改。比如，一名学生描述化学老师："Ms. Million is our chemistry teacher. She is tall, athletic, energetic and enthusiastic. We all like her."教师首先赞扬该句的四个形容词tall, athletic, energetic, enthusiastic生动地概括了化学老师的特点，接着鼓励学生运用更复杂的句型来表达。在教师的引导下，有学生提出用admire替换like和使用倒装句，将该句改为："Ms. Million, our chemistry teacher, is tall and athletic. So energetic and enthusiastic is she that all the students admire her."教师通过组织讨论、展示等活动，坚持激励原则，鼓励学生使用复杂的英语结构表达，提升了学生的综合语言运用能力。

教师以体验学习理论为基础，根据学生的现实生活及情境设计教学，让学生描述身边人，在实践中习得、内化语言知识，学会英语多种表达方式，将情感教育与语言学习融为一体，有效地激发学生的英语学习动力。

（五）合作写作，学以致用（8分钟）

通过前面四个教学环节，学生已充分储备人物描写的词汇、语法结构和语篇结构支架，接下来教师设计小组合作写作任务"介绍对自己产生积极影响的人"（Write a passage for the school newspaper to introduce a person who has had great influence on you.）。

本环节创新写作任务的设计，学生根据自身学习生活经历自主选择写作对象，使学生带着愉快的情感进行写作，深度激发学生的写作愿望。

（六）成果展示，互学互赏（9分钟）

在Show time环节，教师让各小组充分展示合作写作成果。八个小组的代表争先恐后地要求到讲台展示本组合作写作的成果，将课堂气氛推向高潮。八份作品从不同角度、不同事例描写了同学、老师、妈妈和伟人等不同的人物，各小组代表都能够用英语流利地分析本组作文所使用的人物描写亮点词汇和多种语法结构，让全班学生得以多次复习巩固本节课所学内容，合作学习与交流有效地促进了学生个体思维品质和学习能力的提升。

本环节各小组充分展示了合作写作成果，提高了展示者的英语表达能力和逻辑思维能力，实现语言输入到输出的转换。

（七）评价引导，自我调控（2分钟）

本节课设计了评价表，对小组合作写作进行方向性引导。为了提高写作效率，小组合作写作前教师先公布"同伴评价表"（见表1），然后以此为据评价同伴的英语作文，并提出修改建议，同时根据评价表及同伴的建议反思自己的作文。

表1　同伴评价表

In my classmates' passage, I can see the following points we've just learned today:	Yes	No
* an introduction (identity, birth, age)		
* main events (character, qualities)		
* achievements, evaluation		
* words and expressions to describe a person & correct spelling		
* various grammar structures & right tenses		
* clear and neat handwriting		

在写作教学中，通过明确的评价指标引导学生将写作设定在合理范围内，运用本节课所学的关于人物描写的词汇、语法结构和篇章结构等知识写作，学以致用。通过学生互评，激发他们的积极主动性，在评价同伴作文的同时反思自己的学习，了解同伴及自己的英语学习发展状况，聆听同伴意见，修改作文，以取得更大的进步。

（八）课堂小结，作业巩固（2分钟）

在本节课结束前，通过师生问答形式再次复习有关人物描写文章的词汇和语篇框架知识，帮助学生巩固相关知识，教师设计课后作业：Write a letter to your mother as an amazing gift on Mother's Day, expressing your love and gratitude to her.

该作业不仅可巩固并运用本节课的语言知识，提升学生的英语书面表达能力，而且能促进青春期学生与师长的沟通，以感念亲恩激发学生的学习动力。

五、教学反思

在整个教学过程中，笔者所设计的每个教学活动都围绕教学目标由浅入深展开，在以下几个方面做得比较成功。

首先，从教学设计上看，本节课主题明确，目标明晰，巧妙地将语言学习和学生的生活实际有机联系，以建构主义学习理论和支架式教学理论为指导，将学生的英语学科核心素养的培养落实到教学活动中。比如，用英语描述身边人和介绍一个积极影响你的人等活动，巧妙地将所学英语知识与学生生活实际相结合，激发了学生学习的内在动机，培养了学生的感恩之情。教师和全班学生穿着印有 We are family 的班服上公开课，让人感受到班集体团结奋斗的力量，体现班集体文化的引领，将情感教育和价值观培养自然融于整节课中。

其次，从教学活动上看，本节课读写结合，学语言与用语言结合，口语表达与书面表达相互促进，过程写作环环相扣，凸显语言的交际功能。教师在教学中扮演着组织者、引导者等多重角色，学生成了主动的语言学习者和实践者。教学过程中，学生思维活跃，主体地位突出，师生互动顺畅，配合默契，课堂气氛热烈，教学注重开展不同形式的语言互动，有效地促进了学生语言知识的内化和英语交际能力的提高。

最后，从教学效果上看，阅读为写作搭建了语篇结构支架，语法结构学习为写作搭建语言表达支架，小组合作学习的实效性在 show time 环节展现得淋漓尽致，学生表现自信，英语口语表达流畅自如，在展示作文的同时还能对语篇及语言结构进行分析，展现出较强的思维能力。

本节课不足之处在于：一是小组合作写作成果展示后，教师因时间紧没有给予系统的点评，未对学习成果进行深入检验，需要在后续课时进行弥补；二是作业设计虽让浓浓的亲情扑面而来，但"给母亲写信表达爱与感激"的时候，学生不一定能够扣紧 describe a person 的思路。笔者反思考虑后将作业修改为 describe a person in your family，而用英语给母亲写信表达爱与感激的作业作为下周母亲节英语活动的一个主题。

核心素养的提出给一线教师提供了新的教学研究课题。本节课对在教学中如何提升学生的英语学科核心素养进行了初步探索，通过教学实践与反思，取得了一些进步，但还有诸多方面有待提高。笔者将继续努力，提升专业素质，努力提高英语教学的质量。

评 课[①]

摘 要：阅读与写作在高中英语教学中有着极为重要的地位。本节课将阅读教学和写作教学有机地融合在一起，学用结合、多样评价结合、英语工具性与人文性结合，开展了一系列的互动活动，有效地实现了课程的预定教学目标。但是本课教学也存在一些不足，在课文引入时间安排及作业布置等方面有待改进。

关键词：阅读教学；写作教学；读写结合；核心素养

Abstract: Reading and writing are both indispensable parts in Senior Middle School English teaching. The teacher effectively integrates reading and writing, and carries out a series of interactive activities with the combination of language learning and using, teacher's evaluation and peer evaluation, instrumentality and humanity of English, successfully realizing the teaching objectives. However, there is still some deficiency in the teaching process, and there is a still room for improvement in terms of the time arrangement of text introduction and homework assignment.

Key words: teaching reading; teaching writing; integrating reading and writing; key competencies

阅读与写作教学在高中英语教学中有着极为重要的地位。英语阅读教学的重要任务就是要发展学生的信息解码、信息筛选及知识获取的能力，巩固学生的语言知识，提高他们的阅读能力。英语书面表达能力也是高中英语教学的一个重要目标。学生书面表达能力的提高离不开词汇、短语、句子乃至篇章等知识的积累，而这些语言材料的积累在很大程度上有赖于阅读。通过阅读，学生可以接触、吸收地道的英语表达，大量阅读是英语表达能力发展的基础。如何在英语教学中将读写活动有机结合，提高学生的阅读能力和英语书面表达能力值得我们做深入的探讨。

---

① 原载于《基础外语教育》2017 年第 5 期，本文是对陈晓君老师所上的课的评价，详见莫海文. 评课 [J]. 基础外语教育，2017，19（5）：105 - 107，112.

陈晓君老师上课的内容为人教版高中《英语》必修4 Unit1 Women of achievement 中语言使用部分的课文 Why not carry on her good work? 这一节课巧妙地将阅读教学与写作教学融合，有效地提高了学生的英语阅读能力和写作能力，得到了听课教师的一致好评。陈晓君老师教学基本功扎实，教学设计合理，教学过程体现了新课程理念，在以下几个方面值得同行借鉴。

一、读写结合，注重学生综合语言运用能力的提高

在教学过程中，陈老师将英语阅读与写作活动结合，积极激励学生参与阅读与写作实践活动，促进课堂教学活动有效、顺利开展。在读前活动（pre-reading activities）中，陈老师首先以"杰出女性有何共同品质"的问题导入新课，问题与要学习的课文内容紧密相关，有效地激发了学生的学习兴趣；接着开展基于话题的词汇整合学习，为课文阅读做好了铺垫。然后陈老师运用思维导图来引导学生对已学话题及语篇进行总结概括，对描写人物的语篇知识及相关英语语言知识进行总结梳理，为完成新的写作学习任务做好铺垫。在 Guessing game 中，陈老师引导学生在讨论的基础上用英语描述身边的人，让全班同学来猜描写的人是谁。游戏活动既活跃课堂气氛，又训练了学生的口语和书面表达能力，将学生自然地导入阅读教学活动中，导入形式新颖且富有创意。在读中活动（while-reading activities）中，教师要求学生带着任务阅读，提取关键信息，分析语篇结构，学习相关知识，为书面描写人物提供思路及搭建语言支架。在读后活动（post-reading activities）中，要求学生分组讨论，用英语描述人物，最后展示成果，让学生以不同的方式参与多样的读写活动，锻炼学生的理解能力、判断能力和英语表达能力，有效地促进了学生综合语言运用能力提高。

二、学用结合，注重联系学生的实际生活

在教学过程，陈老师组织的活动内容贴近高中生的现实生活，有利于学生更好理解和掌握新的语言知识。本节课的教学对象是广东省某重点中学高一理科卓越班学生，他们具有良好的英语基础和学习能力，思维活跃，善于沟通与合作，敢于展示自我。陈老师根据学生的年龄特点、心理特点、生活经历和认知水平设计任务，创设情景引导学生模仿课文描述身边最熟悉的师长或同学，从文本学习走向现实运用。小组合作写作任务是描写、介绍对自己产生积极影响的人物，学生根据自己的成长经历选择描写的对象，有效地激发了学生的写作动机。在展示环节（show time）各组代表踊跃上台分享作文，满含深情地用英语介绍对自己产生重要影响的人物，将课堂推向了高潮。陈老师在教学中设计有真实意义的任务，学用结合，使语言学习和感恩

教育有机融合，培养了学生正确的审美观和合作创新精神，促进了学生语言能力发展和文化品格核心素养形成。

三、多样评价结合，注重促进学生全面发展

在教学中，陈老师运用教师评价、学生自我评价和同伴互评等多样的评价形式，让学生在英语学习中更好体验进步，了解自己的不足，促进学生英语语言运用能力的发展。在引入、阅读和写作等教学活动中，陈老师使用 Great；You did a good job；Well done 等积极的评价激励学生，让学生感受英语学习成功的喜悦。在成果展示中，陈老师能够根据学生写作的真实情况对学生做出适当的评价，例如 It is a wonderful passage to describe a person, and all the key points have been covered；Be more careful of your spelling 等，既肯定了学生英语作文的进步又指出其中的缺陷，让学生建立自信，认识自我，根据教师的评价与建议调整英语学习策略，调控学习过程，不断完善自己。另外，陈老师还根据教学内容的特点，设计了一个同伴评价表，引导学生更好地使用英语介绍人物。在进行小组合作写作前，以明确的评价指标引导学生将写作设定在合理范围之内，要求学生运用所学的人物描写的词汇、语法结构和篇章结构知识写作，落实学以致用的语言学习原则，让学生对同伴的英语作文进行评价，通过讨论反思自己的作文，及时了解自己和同伴英语写作存在的问题，听取小组成员的修改建议，共同修订作文，培养学生的团队合作精神和友好竞争意识，促进学生的全面发展。

四、工具性与人文性结合，注重培养学生的英语核心素养

随着我国基础英语教育改革的发展，围绕学生核心素养的培养设计英语课程教学是中学英语教学改革的改革方向。本节课的教学目标依据英语学科核心素养的四个方面：语言能力、文化品格、思维品质和学习能力设计教学目标，以先进的教学理念为指导，是探索学生的英语学科核心素养培养的有效途径。陈老师在教学中将英语课程的工具性与人文性有机结合，既关注学生英语语言运用能力的培养，又注重发挥课程的育人功能，顺利地完成了教学任务。

在教学的开始阶段，陈老师非常重视为学生搭建语言支架，通过师生之间、学生之间等不同形式的语言互动，为学生英语写作扫清了语言障碍。然后，陈老师基于文本阅读开展多种形式的读写结合的练习，有力地促进了学生书面表达能力的提升。从作品展示来看，很多学生的作文篇章结构合理，内容充实，用词和句式多样，有的能恰当地运用复合句来描述、介绍人物，教学很好地实现了语言能力目标。

陈老师围绕如何用英语描写、介绍人物的主题循序渐进地开展教学，积极引导学生充分研读文本，学习英语表达和英语篇章的特点，十分注重学生跨文化交际能力的培养。同时通过学习林巧稚医生不凡的事迹和杰出的贡献，培养学生正确的人生观，很好地实现了文化品格目标教学。

在阅读教学中，陈老师设法培养学生略读、寻读技能，通过语篇分析帮助学生提高分类和概括文本信息的能力，学习语篇结构知识，培养学生的判断能力、归纳能力、研究能力和抽象思维能力；在写作教学中，陈老师通过组织小组合作学习活动，发展学生发现问题、分析问题和解决问题的能力，通过多样的评价促进学生反思，调整英语学习策略，提高了学生的英语写作技能和学习能力，较好地实现了思维品质目标和学习能力目标。

当然，本节课还有一些地方可以改进。例如在课文的引入方面，设计的活动过多，使用的时间过长，将近8分钟，使后面写作训练时间不够，有的地方教师还没有来得及评价就仓促结束。在作业布置方面也不合理，布置学生用英语给母亲写信，似乎和本节课主题相关性不大，追求德育渗透而导致任务目标性不明确，这种做法有待改进。笔者和陈老师课后对此进行了交流，陈老师从反思中意识到不足，愉快地接受了建议，将作业修改为用英语描写自己家庭的某位成员，将原来的写信任务推迟到下一周作为母亲节的一项英语活动。

随着英语改革的不断推进，新课程改革对教师提出了新的挑战。教师要转变观念，实现从知识为本的理念向学生发展为本的教育理念转变，更新自己的专业知识结构，结合教学实践反思教学，努力成为一名新时代的优秀教师。

三、中学英语教学理论探索

复杂理论下二语习得复杂性研究及其教学启示[①]

摘　要：本文以复杂理论为依据，结合国内外复杂理论视角语言研究，探讨二语习得的复杂性，并阐述了二语习得复杂性研究对我国基础英语教学的启示。

关键词：二语习得；复杂理论；基础英语教学

Abstract：The paper, based on complexity theory and the related language research, explores the complexity of SLA, and studies the implication of the complexity of SLA on basic English teaching in China.

Key words：SLA；complexity theory；basic English teaching

一、引言

很多人将二语习得看作是一个简单的线性过程，其实语言学习比想象的复杂得多。我们试图厘清影响二语习得的各种因素之间的联系，但却难以实现。几百年来我们深受二分法和因果论等传统观念的影响，很多人未能走出"非此即彼"的思维。近年来，计算机信息处理模式加深了人们对事物的认知，但却容易将事物的复杂发展简单化为因果的、确定的和可控制的过程。事实上，世界上许多事物的发展具有不确定性和不可预测性。语言是一个开放的复杂动态系统，二语习得受到多种不同因素影响，是一个复杂的动态发展过程。课堂是由教师、学生及他们所处的社会环境等因素共同组成的复杂系统，各个因素随着教学的开展及时间的推移相互作用，属于非线性发展。二语习得和复杂系统有着很多相似之处，本文以复杂理论（complexity theo-

---

[①] 原载于《中小学英语教学与研究》2017年第7期，详见骆凤娟. 复杂理论下二语习得复杂性研究及其教学启示［J］. 中小学英语教学与研究，2017，（7）：16 - 19.（人大复印报刊资料全文转载（《中学英语教与学》2017第11期）

ry）为依据，探讨二语习得的复杂性，以帮助我们更好地了解二语习得的本质，为我国基础英语教学改革提供有价值的参考。

二、复杂理论与相关语言研究简述

20世纪60年代美国气象学家Edward Lorenz提出复杂理论，认为南美洲亚马逊雨林的蝴蝶扇动翅膀会产生连锁作用而产生"蝴蝶效应"（butterfly effect），两周后可能导致美国德克萨斯州灾难性的龙卷风，强调复杂系统的动态发展特征和对初始条件依赖的特性。20世纪70年代之后，复杂理论被广泛应用于物理学、化学和生态学等自然科学研究，近年来被逐渐应用于社会学、认知科学及语言学等研究领域。

复杂系统由多个相互独立的子系统组成。不同层级的子系统相互嵌套、相互作用，系统发展有很大的随机性。复杂系统具有动态性、开放性、自组织性、自适应性和非线性等特征，在动态发展过程中持续与外界进行物质与能量交换，通过不断调整以适应外部环境的变化。各子系统之间相互作用，促使子系统本身和系统发展更为复杂。复杂理论摒弃了自牛顿以来的线性简化论，反对以分解事物通过部分来了解事物整体的线性分析法，以动态发展观点和整体观视角来研究复杂系统。复杂理论为语言研究提供了新的视角和方法观。事实上，语言就是一个复杂系统，二语习得是一个动态发展的非线性过程。Larsen-Freeman（1997）是将复杂理论运用到应用语言学研究的倡导者，她认为复杂理论可以帮助我们从新的视角来看待二语习得[1]，在复杂理论视角下应用语言研究的理论构建与方法探讨方面做出了杰出贡献，得到了学界的广泛认可。不少学者，如Lightfoot（1999），Van Lier（2004）等将复杂理论和生态学方法相结合，探究语言复杂现象[2][3]。"复杂理论作为应用语言学领域的前沿理论，改变了学界原有的有关语言本质、语言发展、语言课堂、语言交流的认识"（王兰兰、苗兴伟，2013）[4]。复杂理论为我们提供了更加宽广、科学的视角来研究语言现象，有力地推动了二语习得研究发展，但将复杂理论应用到我国基础英语教学的研究不多，对二语习得的复杂

---

[1] LARSEN-FREEMAN D. Chaos complexity science and second language acquisition [J]. Applied Linguistics, 1997 (2): 141-165.

[2] LIGHTFOOT D. The development of language: acquisition, changes and evolution [M]. Malden: Blackwell Publishing, 1999.

[3] VAN LIER L. The ecology and semiotics of language learning [M]. Boston: Kluwer Academic Publishers, 2004.

[4] 王兰兰，苗兴伟. 混沌/复杂系统理论在大学英语教学中的实际应用路径探析 [J]. 外语教学, 2013 (11).

性研究有待进一步加强。

三、复杂理论下二语习得复杂性分析

(一) 语言是动态发展的复杂系统

复杂理论为我们提供了一个生态学视角来看待语言,让我们更好地理解语言的开放性和动态发展性特征。从复杂理论视角看,语言是一个复杂的自适应系统,具有非线性和涌现性等特征,语言系统在各个组成因素及子系统的交互作用下从外界吸取能量后重新组合,不断丰富与发展。语言犹如生命体一样不断变化,"语言所有的特征任何时候都可能发生改变,语言时刻变化,没有尽头"(Larsen-Freeman,2006)①。

语言由语音、词汇、句法、语义和语用等不同层面的子系统组成,这些子系统相对独立但又相互联系,其中的任意一个子系统发生变化都会导致系统新的不平衡,促使系统向新的平衡发展;同时系统整体变化又会引起各个子系统发生相应的改变。语言相互作用是导致语言变化,尤其是句法变化的重要原因。例如,古英语名词末尾的格(case)的消失被认为是和古斯堪的纳维亚语长期接触的结果(Lightfoot,1999)②。不同语言的相互影响还会促使语音、语义产生复杂的变化。当然,语言的发展还受不同的社会文化因素制约,随着人类实践领域的不断扩展,语言内容、功能和意义得以不断发展,其内涵日益丰富。

(二) 二语习得是开放的动态发展过程

从复杂理论看,二语习得是一个开放的动态发展过程,外部能量的输入和本系统的自组织使得二语习得系统不断调整以获得新的平衡,促使系统不断变化。随着学习者的语言知识持续增长,在特定情况下原有的知识系统会产生变化而失去平衡,学习者不得不做出调整以满足新的认知需要,通过与外界交互获得新的能量构建新的中介语系统,促使中介语系统从无序发展到新的有序状态。

学习者在二语习得过程中会经历不同的认知时期,经历进步、退步和再

---

① LARSEN-FREEMAN D. The emergence of complexity, fluency, and accuracy in the oral and written production of five Chinese learners of English [J]. Applied Linguistics, 2006 (27): 590-619.

② LIGHTFOOT D. The development of language: acquisition, changes and evolution [M]. Malden: Blackwell Publishing, 1999.

进步等不同的阶段①，其中介语系统也从一个阶段发展到另一个新阶段。二语习得系统的反馈敏感性有利于学习者语言知识的构建与有序状态的恢复。不同的二语习得者中介语系统有很多相似之处，但由于受母语及社会文化背景等吸引因子的影响，他们的中介语系统有不少区别。二语学习者的话语不可避免地存在这样或那样的问题，只要学习者持续接触目标语获得足够有效的输入，不断获取新的知识，就会取得进步。

（三）语言输入与输出并非简单的叠加关系

语言习得是混沌的、非线性发展的迭代过程，对初始条件敏感依赖。非线性意味着其输入和输出并非等比关系，两者之间亦非必然的因果对应；对初始条件敏感意味着二语习得过程中内外部条件的微小变化都会导致学习结果的巨大差别。当然，要说输入和输出没有关系是不对的，但是我们可以肯定的是输入与输出之间并非线性的因果关系。换言之，输入是动态变化的，而输出也同样是动态发展的，而非输入的简单叠加。从输入到输出的过程还有很多不确定的因素起作用，导致输出的非线性变化。将二语输入和输出机械地联系在一起是行不通的，输入并不一定马上得到学习者所期望的相应输出，这也体现出二语习得的复杂性和艰巨性，持续的可理解性输入（comprehensible input）在一定条件下更容易引发有效的输出。

（四）中介语是基于互动的开放性系统

二语习得过程充满混沌现象，中介语就是在这过程中产生的一种独特语言状态。中介语是处于母语和第二语言两个吸引因子之间的过渡性语言系统，这两个吸引因子区域都会对中介语系统产生吸附作用。中介语系统对反馈极为敏感，受到内、外部因素的影响而不断调适发展。虽然二语学习者的中介语系统有沿着不同轨迹发展的可能，其发展趋势并不完全由语言内部因素决定，还受制于学习者本身及其特定的历史和社会环境。"在学习第二语言时，操不同母语人的中介语有许多相似之处，但又都受到自己母语的影响，这种影响有时甚至比第二语言还强"②。尽管二语学习者的中介语系统不可能和理想目标语系统完全一致，但随着二语学习者不断努力，加强输入的质与量，根据学习内容优化调整学习策略，其中介语系统就会不断地向目标语方向迈进。

---

① LARSEN-FREEMAN D. Complex, dynamic systems: a new transdisciplinary theme for applied linguistics [J]. Language Teaching, 2012 (45): 202 – 214.

② 莫海文. 二语习得：一个复杂的非线性系统 [J]. 山东外语教学, 2011 (5): 93.

四、对我国基础英语教学的启示

英语在我国属于外语,英语教学其实是一个复杂的系统,不但受到教学内部各种因素的制约,还受到众多的外部环境条件的影响。复杂理论摒弃因果论,从整体观点来看待问题,让我们更好地理解二语习得的复杂性,对我国基础英语教学有着重要的启示。

(一) 英语教学应尊重学生的主体性

王蔷(2016)指出,英语教育要回归原点,从学生出发,育人为本,尊重生命,聚焦意义①。然而,在行为主义语言观的影响下,不少英语教师上课"满堂灌",将学生当作被动的"接收器";有的教师为了防止学生犯错误,不鼓励学生创造性地使用语言,这些做法无法满足学生语言能力发展的需求。英语教学涉及多个层面的变量,教学应以学生为中心,突出学生的主体性,"重视语言本身在习得中的作用,注重习得过程的发展变化,同时不忽略学习者的重要作用"(戴运财、杨连瑞,2013)②。教师应根据学生的特点与需求,设计英语教学活动,让学生在语言实践中习得英语文化知识,提高语言技能,发展心智,通过感知体验、合作探究等多样的活动方式形成良好的学习习惯和积极的生活态度,提高学生分析问题和解决问题的能力,促进学生英语学科核心素养的发展。

英语教学非常复杂,涉及诸多的社会文化因素,语言教和学之间的关系并不像我们想象的那样确定。不少人认为只有教师教才能引导学生的学,实际上很多情况下英语学习没有教师的教也能进行。而有时候即使教师尽力教,学生的成绩也并不一定如意。教师可以安排授课内容、顺序,掌握教与学的进度,却很难控制学生大脑的思维活动和认知发展。学生在学习过程中是语言知识的主动构建者和语言创新使用者,英语学习过程并不只是学生内化原有的大脑系统及机械填充知识,还包括大量潜在意义的拓展和语言创新。只有尊重学生的主体性,挖掘学生语言学习的潜能,充分考虑学生的发展需求,才能让语言学习过程成为学生积极主动构建意义和提高自身素养的过程。

(二) 教师应该注意英语课堂发展的非线性

英语教和学并非一种"种瓜得瓜,种豆得豆"的直接因果关系,教学上

---

① 王蔷. 促进英语教学方式转变的三个关键词:"情景""问题"与"活动"[J]. 基础教育课程,2016年(31).

② 戴运财,杨连瑞. 二语习得的一体化模式及其动态性研究[J]. 外语教学,2013(11).

"无心插柳柳成荫"的现象也屡见不鲜。在传统的语言教学中，学习者被动学习或接受语言形式，力图掌握理想状态的语言系统，这个目标很美好但却无法实现①。学生的中介语系统是多维动态发展的，英语课堂教学也不是一个封闭的、有确定边界的系统。很多教师忽视英语教学的非线性，认为学生学好一项内容后可以顺利学习下一项内容，但却很难如愿。不少学生感觉英语过去时不难理解，掌握得挺好，但是接着学习现在完成时后反而感觉混淆不清，觉得没有进步。其实语言学习并非简单的知识叠加，"新学的语言知识让学生原有的知识系统发生了内爆，原来的平衡系统被打破从而进入到一种新的无序状态，他们要不停地做调整以获得新的平衡"（骆凤娟，2017）②，通过不断的语言实践，才能更好地巩固旧知识，学好新知识。

我们发现，不管教师如何精心设计课堂，也无法完全准确预测课堂的变化及教学结果。当然，这并非否定了教师的主导地位和夸大课堂的无序性。教师可以设置任务，激励学生互动及语言实践，通过分类引导及规范指导来减少课堂的不稳定性，增加预测的行为。教学过程亦非机械线性发展，学习者是意义的积极构建者，是语言的创新使用者。教师应将学习者语言（learner language）作为有价值的教学资源，善于归纳和整合课堂，发现秩序，以更好地组织语言教学。英语学习是基于语言实践的认知发展过程，过于追求课堂教学的稳定性违背了学习的本质。英语教师应该注意课堂发展的非线性规律，促进学生积极参与语言实践活动，以更好地促进其新语言知识的构建和认知系统的发展。

（三）课堂教学应注重互动性

从复杂理论来看，二语习得的社会因素及学习者的认知机制同等重要，"二语习得是学习者、同伴及环境等学习资源相互作用的结果"③。"互动对语言教师的教和学生的学来讲尤为重要，交互活动是语言教学交际活动的核心"（骆凤娟，2011）④，有利于学生知识的内化和认知能力的发展，促进语言教学质量的提高。语言交互活动能有效地促进学生之间、师生之间知识、信息和情感的交流，"课堂教学活动应该充分发挥教师和周围学习者的作用；

---

① LARSEN-FREEMAN D, CAMERON L. Complex systems and applied linguistics [M]. Oxford: Oxford University Press, 2008.

② 骆凤娟，莫海文. 二语习得复杂性研究：复杂系统理论视角 [J]. 广西民族大学学报（哲社版），2017（1）.

③ 骆凤娟. 交互式教学在初中英语阅读教学中的运用 [J]. 山东师范大学外国语学院学报，2011（2）.

④ 程晓堂. 英语课堂上究竟应该做什么？[J]. 山东外语教学，2016（1）.

应尽量开展互动式课堂教学活动"①。在英语课堂上，教师可以通过设置真实任务，让学生利用之前积累的知识和新学的语言知识积极参与语言课堂互动，依照学生的实际水平调整教学，根据学生的认知水平和具体情况调适课堂教学活动的方式，促使课堂语言教学交互活动更好地开展。

教师对学生行为有着重要的影响，但从某种角度来讲这种影响同时又有一定限度。语言教学过程中，同一位教师、同样的教材和相同的方法在不同班级受学生欢迎的程度和教学效果可能会大不一样。事实上，语言学习受学习者的年龄、智力、认知风格、情感因素、学习策略及社会环境等内部、外部因素影响。学生的意义构建是通过与环境交互来实现的，交互活动有利于学生从外界吸收"能量"促进中介语系统向目标语系统方向迈进。

五、结语

从复杂理论来看，变异性是语言本身的特性，也是语言学习者的一个重要的言语行为特征。语言是一个开放系统，具有涌现性和自组织性特征，有些语言规则和游戏规则一样也可以改变，这些改变甚至会促使整个语言系统发生变化。二语习得过程中学习者的中介语系统动态发展，其内在关联的组成部分和各种课堂内、外部因素相互影响，相互作用，某部分的微小变化可能会引起整个系统的巨大改变，这些改变有时犹如水中的波纹或涌动的人群变化一样，很难预测。英语课堂发展的不稳定性及非线性让语言教学与研究充满魅力，教学过程动态发展的复杂性使得英语教学多姿多彩，值得我们做更深入的研究。

二语习得复杂性研究：复杂系统理论视角

摘　要：从复杂系统理论来看，语言是动态发展的，二语习得是一个复杂的非线性系统。二语习得是基于互动的发展过程，对初始条件依赖敏感，

---

① 原载于《广西民族大学学报（哲学社会科学版）》2017年第1期，详见骆凤娟，莫海文. 二语习得复杂性研究：复杂系统理论视角 [J]. 广西民族大学学报（哲学社会科学版），2017, 39（1）：160 - 163.

其子系统与社会环境因素相互作用,共同促进学习者中介语系统变化发展。本文以复杂系统理论为依据,对语言的动态特征、二语习得的互动性、非线性、蝴蝶效应现象及石化现象进行分析,多维探讨二语习得的复杂性。

关键词:复杂系统理论;二语习得;语言发展;复杂性

Abstract: From the perspective of complex system theory, language is dynamic, and second language acquisition (SLA) is a complex nonlinear system. SLA can be seen as adynamic process based on interaction, so it is sensitive to and dependence on initial conditions. The subsystems of SLA interact with social environments, promoting learners' interlanguage system development. The paper, in light of complex system theory, analyzes language dynamic features, and the interaction, nonlinearity, butterfly effect and fossilization in SLA process, and probes into the complexity of SLA from many perspectives.

Key Words: complex system theory; SLA; language development; complexity

一、引言

二语习得很容易被人们认为是一个有明确起点和终点的线性过程。其实,受学习者个人因素和社会环境因素的共同影响,二语学习者的习得能力、认知风格和学习环境等都会有所区别,这些变量在语言交际和意义构建的过程中相互影响,他们的语言习得过程及结果自然大相径庭。从复杂系统理论(complex system theory)看,二语习得并非一个线性的过程,二语习得过程中语言损耗与磨蚀错综复杂,语言的各个子系统相互作用,促进学习者的中介语系统动态发展。到目前为止至少有四十多种二语习得理论,其中不少理论假设之间相互重叠、相互兼容,这些有益的探讨促进了二语习得研究的发展,但遗憾的是没有一种理论能够充分解释二语习得(Larsen-Freeman,1997)①。复杂系统理论注重将语言发展的认知因素和社会因素相结合,以一种动态发展的观点审视二语发展,为二语习得研究提供了新的研究方法。本文以复杂系统理论为依据,对语言发展、二语习得过程、二语习得的蝴蝶效应及石化等现象进行研究,探析第二语言习得的复杂性(complexity),以期进一步提高人们对二语习得的认识,为之后的研究提供参考。

---

① LARSEN-FREEMAN D. Chaos complexity science and second language acquisition [J]. Applied Linguistics, 1997 (2), 141-165.

二、关于二语习得的不同解释

(一) 二语习得理论的解释

20 世纪 50 年代,行为主义成为西方心理学的主要流派。Bloomfield 提出的结构主义和 Skinner 的行为主义理论将语言学习看作一个机械的活动,认为二语习得是一个反复识记、重复机械练习的"刺激—反应"过程,二语学习者被当作被动的接收器。在教学过程中,学习者被老师牵着鼻子走,缺乏足够的自主性,被动地接受环境刺激,机械地学习二语。结构主义及行为主义将二语习得过程简单化,没有意识到语言习得过程的复杂性,而反复的机械练习和教师不厌其烦地修订错误反而会制约语言输出,不利于学习者的语言创新思维能力发展。

20 世纪末,认知科学的发展向行为主义学习观提出了挑战,其中最有名的是 Chomsky 对 Skinner《话语行为》的批评和他提出的普遍语法理论。认知观认为二语学习者不应被视为被动的接受者,而是学习的主动实践者,他们通过识记语法规律,建立假设,验证假设或反驳假设习得二语。受 Chomsky 内在普遍语法的影响,Corder(1967)指出语言学习者有一种内置的大纲(built-in syllabus)[1],这对二语习得研究产生了深远的影响。Selinker(1972)认为中介语的构建是一种过渡性的语言系统形成的过程,是由人脑潜在的心理结构激活而成的[2]。Brown(1973)对三个以英语为母语的小孩语言发展进行研究,声称不管学习者的母语是何种语言,所有的英语学习者都按照一个顺序习得语言,其语言习得的历时研究得出的结论在当时引起了轰动[3]。其实,Brown 只孤立研究语素,未充分考虑语法习得的复杂性,该结论也许适合学习者将英语作为第二语言习得,对于其他语言习得不适用。有的认知派也将语言学习者看作认知生物体,首当其冲的是 Schumann(1978),他提出文化适应理论和皮钦语假设,将社会因素和二语学习者的情感因素(心理因素)合成一个变量,即二语习得的原因变量,认为二语习得是由学习者与

---

[1] CORDER S P. The significance of learners errors [J]. International review of applied linguistics, 1967 (5): 161 – 169.

[2] SELINKER L. Interlanguage [J]. International review of applied linguistics. 1972 (10): 209 – 231.

[3] BROWN R. A first language: the early stages [M]. Cambridge: Harvard University Press, 1973: 125.

所学语言文化之间的社会及心理距离决定的①。Schumann 过度强调了文化适应在二语习得中的作用，未充分考虑语言学习者的学习路径和方法差异等因素，对学习者在二语习得中的主体作用关注不足。

认知论和学习者个体差异的观点一直影响着二语习得，这些理论有助于我们对学习者角色的理解，同时激发了交互理论研究的发展。Bandura 指出，行为、认知和环境的相互作用，是影响学习的决定因素②。交互理论研究者将语言学习者所处环境、输入和输出等因素联系在一起，试图寻找他们之间的关联，研究学习者如何处理输入信息以及他们的中介语如何形成等问题。以交互理论为基础的社会文化学派认为二语习得不仅是学习者认知的过程，还是一种社会文化现象，个人认知受社会交互活动的影响。社会文化学派并不将个人排除在社会之外，认为"个人离不开社会，交互活动是社会的一个重要部分"③。认知语言学派强调人的普遍认知机制，认为社会环境对二语学习者认知影响不大，而社会文化学派则强调社会环境的重要性，认为二语学习者的认知发展离不开社会交互，语言交互实践活动可以改变学习者的经历，促进认知发展与意义构建。Kramsch（2006）的"象征性能力"（symbolic competence）理论认为，语言学习者本身是能够记忆、思维和想象的生命个体，是语言使用者和语言交际问题的解决者④。"象征性能力"不仅包括词汇和交际策略，而且还与个人的工作生活经验、情感共鸣和道德观念等因素紧密相关。因此，二语学习者要不断地接触第二语言，习得并适应第二语言文化，而且要积极构建语用环境，实现不同语言之间转换及不同语言文化时空共鸣（Kramsch & White, 2008）⑤。事实上，二语学习者置身于另一种语言象征空间，离不开与社会的交互，他们需要不断地重构交际语境、思维和行为能力。

其实，二语习得中的环境并非语言学习唯一的重要因素，学习者也不是

---

① SCHUMANN J. The relationship of pidiginization, creolization, and decreolization in second language acquisition [J]. Language Learning, 1978 (2): 367-379.

② BANDURA A. Social foundations of thought and action: a social cognitive theory [M]. NJ: Prentice's Hall, 1986.

③ LANTOLF J, THORNE S. Sociocultural theory and second language learning [A]. In VanPatten B, Williams J. (eds.). Theories in second language acquisition: an introduction [C]. Mahwah, NJ: Erlbaum, 2007: 197-221.

④ KRAMSCH C. From communicative competence to symbolic competence [J]. The Modern Language Journal, 2006 (2): 249-252.

⑤ KRAMSCH C, WHITESIDE A. Language ecology in multilingual settings. towards a theory of symbolic competence [J]. Applied Linguistics, 2008, 29 (4): 645-671.

被动的接收器；学习者是充满活力和创造性的发展个体，他们的认知能力、情感因素、社会交互活动等因素对二语习得的效果有重要的影响。行为主义、认知主义及社会文化学派等语言学习观从学习者认知、学习环境和社会环境等探讨二语习得，加深了人们对二语习得的认识，但这些不同的理论多关注二语习得某个方面，他们的解释是有限的、不充分的。问题依然摆在我们的眼前，这些理论大多关注语法习得，对二语习得过程中的复杂因性认识不足，未能很好地解释语言及二语习得的本质。

（二）复杂系统理论的视角

复杂系统理论源于自然科学领域，20世纪70年代被广泛应用于物理学、生物、化学等领域，到90年代逐渐被应用到经济学、教育学等人文社会学研究领域。复杂系统具有初值敏感依赖性、动态发展性、不可预测性、开放性、自组织等明显的非线性特征，这些概念近年来被逐渐应用于语言研究。

复杂系统本身包含多个相互关联的子系统，不同层级的子系统互相嵌套，时刻都在动态发展当中，一个变量改变就会对其他变量产生影响，"各子系统之间及内部系统和外部系统之间相互作用，共同促进复杂系统不停地变化与发展"①。从复杂动态理论视角看，社会系统是一个庞大的复杂系统，语言学习者是其中的一个子系统，与社会系统中众多不同层级的子系统相互促进，动态发展。

发展与变异是复杂系统的内在特征，系统发展需要外部能量输入或资源支持。每个复杂系统都有着自己的吸引因子状态（attractor states）和排斥点状态（repeller states）。复杂系统发展到吸引因子状态阶段，其系统结构相对稳定下来，成为其他系统状态变化的趋向，吸引因子的区域成了"吸引区域"，对结构不稳定的系统具有吸附作用，促使结构不稳定的系统不断向其靠拢。吸引因子可以是简单的，也可以是复杂的，从本质上看也是暂时的而非固定不变的，其吸引力的大小决定系统是否获得从一个状态发展到另一个状态的能力。当系统本身或其子系统从一个吸引因子状态转到另一个吸引因子状态时，其变异程度最大，所需的能量也最多。如图1所示，吸引因子的状态跟球在凹凸不平的地表滚动的状态相似，在球的滚动轨迹中，地面的凹处就是吸引因子，凸出处则为排斥点。凹处可大可小，可深可浅，越深其引力就越大；同样，要让球从一个凹处滚动到其他凹处，则需要更大的能量②。二语学习者的母语和二语正如两个不同的吸引因子，学习者的中介语系统深

---

① DANES P. The Cosmic Blueprint [M]. New York: Simon and Schuster, 1988.

② THELEN E, SMITH B. A dynamic systems approach to the development of cognition and action [J]. Cambridge, MA: The MIT Press, 1994.

受母语的影响，随着第二语言的不断输入，学习者不断修正已知的知识系统以满足新知识输入的需求，中介语系统得以吸收新的能量，不断进行自我调整以获得新的平衡，逐渐向目标语系统靠拢。

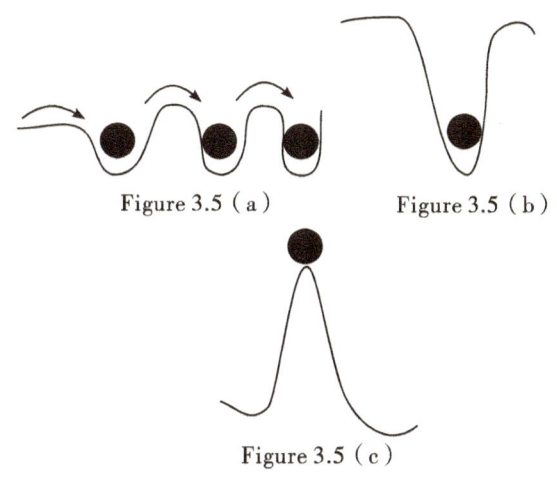

图1 吸引因子状态图

从复杂系统理论看，二语习得本身就是一个复杂系统，其发展并非简单的因果关系，随着时间的推移，系统的各个变量相互影响，系统在变化与调整过程中会出现磨损、离散和折叠等现象，容易呈现浑沌（chaos）状态，促使系统趋向复杂并以非线性方式发展。二语习得是各种不同的复杂因素交互作用的结果，与学习者的母语系统、学习策略及能力、教师的教学等因素休戚相关①。下面将从复杂系统理论视角探讨语言及二语习得的发展过程，系统分析二语习得的复杂性，以更好地解释二语习得现象。

三、二语习得的复杂性

（一）语言是动态发展的复杂系统

语言犹如生命体，时刻都在变化发展。萨丕尔将语言自古至今演变形成的潮流称为沿流，认为语言未来的变化是过去已经发生了的变化的继续②。从历时的角度来讲，不可否认语言在动态发展。一千多年来，古英语经历中古英语再演变成现代英语，其语音系统已经过漫长的演化与发展，即使时光

---

① ELLIS R. The study of second language acquisition [M]. 上海：上海外语教育出版社，2004.

② 爱德华·萨丕尔. 语言论——言语研究导论 [M]. 陆卓元，译. 北京：商务印书馆，1986.

隧道能将现代英语本族语者带回到古代,也无法和古代的英语本族语者自由对话。"英语的发展是英语说话人协作努力的结果"①,英语语言系统的变化发展与英语本族语者和其他英语使用者的社会实践活动密不可分。而且,语言的发展是非线性的,新的语言表达或形式的形成具有很大的任意性和随机性,加上人类社会环境的复杂性和不确定性,单从语言学视角很难准确预测语言的发展趋势。

语言是一个复杂系统,由语音、词汇、语法及语义等多个子系统组成,这些子系统互相影响,其中一个子系统的变化都可能会导致其他系统产生相应的改变②,换言之,语言和其他复杂系统一样,其发展也受制于其子系统的相互作用。从复杂系统理论来看,语言的发展是一个迭代过程,当前的发展依赖于先前的发展水平,系统的发展是由其能通量(flux of energy)保持而引发的。语言系统与其所处环境及其内部资源不断地相互作用,产生一个或者多个自组织平衡点,这些平衡点的形成及稳定性受制于语言系统本身,随着语言从外界获得持续的能量输入和发展动力,语言内部系统平衡就会被打破,语言系统在"平衡—平衡破缺—新平衡"的复杂变化过程中不断发展,"语言的无限丰富源于语言结构平衡的破缺"(张公瑾,1997)③。可以说,"变化与发展是语言系统的一种特性,语言发展无时不在"(Larsen-Freeman,2008:97)④,环境因素对语言发展有着重要的影响作用,语言发展实际上是其系统本身适应环境的需要。

(二)二语习得是基于互动的复杂发展过程

二语学习者在语言交互活动中能不断适应交际需求,恰当地选择语言和交际策略,使得语言习得有着很强的动态性特征。Paiva(2008)指出,二语习得极其复杂,同时受到二语学习者的心智结构(innate mental structures)、语言习惯(automatic habits)、神经连接(neural connections)、语言输入(input)、互动(interaction)、语言产出(output)和社会文化背景(sociocultural mediation)等多种因素影响,这些因素构成相互作用子系统,

---

① LARSEN-FREEMAN D. Chaos complexity science and second language acquisition [J]. Applied Linguistics, 1997(2), 141-165.

② LARSEN-FREEMAN D. Pedagogical descriptions of language grammar [J]. Annual review of applied linguistics, 1989(10): 187-95.

③ 张公瑾. 浑沌学与语言研究 [J]. 语言教学与研究, 1997(3): 61-65.

④ LARSEN-FREEMAN D. Complex systems and applied linguistics [M]. Oxford: Oxford University Press, 2008.

共同促进二语习得系统发展（见图2）①。其实，二语习得并非从输入到输出的简单线性发展，而是一种基于社会交互的动态发展过程，学习者个体是自立的，但又离不开与社会其他个体的交互，他们相互影响，互相促进；二语习得亦非经验主义认为的那样是一个简单的反射活动，它与学习者的认知能力、记忆力及教师的指导和帮助有着密切的联系，是多种因素动态交互作用的结果。

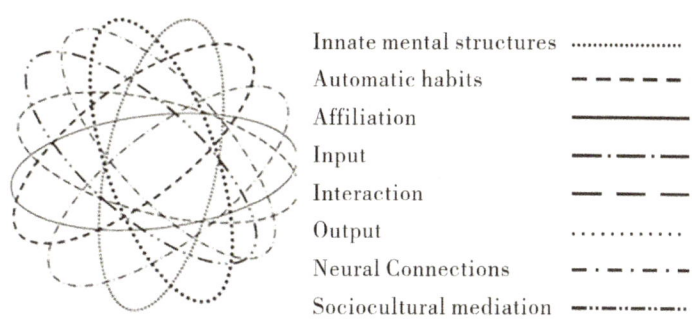

图2　复杂的二语习得子系统

二语习得是其内在机制和外部因素相互作用的过程，学习者中介语系统的发展有赖于一定资源的支持，即要满足"最小增长条件"②。影响二语习得的资源是多样的，可以分为内部资源和外部资源。内部资源，即个人的内在资源，包括学习能力、个人可用的学习时间、内部信息资源（如个人概念知识、动机等）；外部资源，即个人的外在资源，包括学习环境、环境支持的学习时间，外部信息资源（如环境使用的语言）、动机资源（如环境激发的动机）及物质资源（如书本和视频材料等）。语言习得系统中的内部资源是有限的，也是相互联系的，个人的记忆能力、学习时间、有效知识和学习动机都是有限的；外部资源亦是如此，学习者所处环境所能提供的资源及教师投入的时间及精力都是有限的。但不同的资源之间有相互补偿机制，如努力学习能够弥补时间的不足，动机可以弥补环境输入的不足，内部资源和外部资源协同促进语言习得的顺利进行。内部和外部的资源是相互关联的动态系统，学习者语言系统要通过某些任务的实施及与外部环境的交互，才能更好地发展。两个相互联系的学习系统比另外两个彼此没有联系的学习系统发

---

① PAIVA V. Second language acquisition as a chaotic complex system [J]. World congress of applied linguistics, 2008 (15): 1 – 19.

② VAN GEERT P. A dynamic systems model of cognitive and language growth [J]. Psychological Review, 1991 (8): 3 – 53.

展得更快,需要的资源更少;系统没有发展,不是因为其发展机制不运作或发展太慢,而是因为系统机制本身创造的条件没有促成足够多的互动①。二语习得的各子系统是相互关联、相互支持的,通过耦合作用(coupling),一个子系统向另一个子系统传输能量促使子系统在系统范围内重组与调整,促进二语学习者的中介语系统不断变化发展。如学习者的二语词汇量增加和二语阅读理解能力的发展互为前提,学习者掌握更多的词汇必将促进阅读理解能力的提高和发展,而阅读理解能力的提高会增加学习者的阅读量、提高学习者的阅读速度,并提高新词汇的重现频率,促进词汇的学习与巩固;学习者的词汇量增加和阅读能力的提高又能更好地促进听力理解、口语表达及书面表达等能力的发展;同时这些能力的发展又将反过来促进词汇的学习和阅读理解能力的提升。

(三)二语习得是一个复杂的非线性发展过程

二语习得涉及的因素是复杂多样的。二语习得的研究方向可以用一个词来描述,那就是"复杂性";语言习得过程中的心理因素、社会因素和人际因素同样重要;语言输入与输出同等重要;语言的形式与意义密不可分,二语习得是复杂的动态发展的过程,而非一个线性过程②。例如,在二语词汇学习的开始阶段学习者学习的速度较慢,但学习者一旦掌握了一定量的单词之后,他们的词汇学习速度就会加快,到词汇能够满足学习者一定阶段的需要之后学习的速度又会逐渐下降,词汇量的增长并非线性的发展过程,呈现出 S 状的发展曲线③。

很多情况下我们没有意识到二语习得的非线性特点,希望学习了一项内容后接着学习好下一项内容,事实却往往不能如愿。例如学生在学习英语过去时后感觉掌握得不错,可是接着学现在完成时的时候,尽管教师反复对比、讲解,很多学生还是容易把它跟其他的知识点相混淆。其实,新学的现在完成时知识让学生原有的知识系统发生了内爆,原来的平衡系统被打破进入到一种新的无序状态,他们要不停地做调整以获得新的平衡。幸运的是只

---

① VAN GEERT P. Vygotskian dynamics of development [J]. Human Development, 1994 (37): 346 – 365.

② NUNAN D. Second language acquisition [A]. In: Carter R, Nunan D. (ed.). The cambridge guide to teaching English to speakers of other language [C]. Cambridge: Cambridge University Press, 2001: 91.

③ MEARA P. Towards a new approach to modeling vocabulary acquisition [A]. In Schmitt N, McCarthy M. (eds.). Vocabulary: description, acquisition and pedagogy [C]. Cambridge: Cambridge University, 1997: 115.

要他们多使用目标语，多运用所学知识参与互动，就能更好地学好新的语言知识，达到新的平衡点，秩序最终得以恢复。"语言学习并非学习者新、旧知识简单叠加的规律性过程，而是一个外部因素与内部因素相互作用、学习者与各语言知识系统互动的过程"①。语言习得并非简单线性发展，学习过程充满变化，有进步也有退步，有高峰期也有低谷期，此消彼长属正常现象。语言使用和语言输入对于语言学习来讲都是十分重要的，如果二语学习者长期不使用目标语就会导致语言衰退和二语水平下降。尽管二语学习者在第二语言的表达上有不足之处，但他们习得的过程也是一个创造性的过程，只要坚持努力，富有成效地接触和输入目标语，最终一定会取得进步。

（四）二语习得具有对初始条件敏感依赖性

复杂系统的特征之一就是对初始条件的敏感依赖，系统发展的不可预测。将"蝴蝶效应"和二语习得做比较，似乎风马牛不相及，但学习者的初始条件的确是其第二语言发展的先兆，对二语习得的效果有着非常重要的影响。以往不少的研究忽视二语习得过程中各个因素的相互影响，不重视复杂系统的不可预测性和复杂性，初始条件常常被忽略，甚至被认为是无关紧要的。事实上，母语能力是成功习得第二语言的重要条件，语音意识和母语词汇辨认技巧也会影响第二语言词汇的学习。有研究表明，语音意识是一个最好的母语阅读习得预测因子（predictors），患中耳炎等与听力相关疾病的儿童语音意识不强，有明显的话语障碍，导致其母语能力和二语能力发展迟缓（Sparks & Ganschow，1991）②。儿童早期疾病可能对儿童以后的母语习得及二语习得产生一个永久性影响，二语习得的困难与学习者初始条件造成的蝴蝶效应有着密切的关系。另外，二语学习某方面能力薄弱也会影响其他方面的学习，例如发音困难可能会限制阅读和写作技巧的发展，影响口语产出和理解，最终会产生连锁反应，影响语言综合运用能力的提高。二语习得初始条件的细微变化都会导致习得结果大相径庭，不同的系统有不同的初始条件，随着时间的推移系统往不同的方向发展，结果自然就会不相同，"语言输入的细微区别都会导致截然不同的输出"③。

复杂系统发展到一定阶段就会进入到浑沌状态，进入到一个似乎无规

---

① 莫海文. 二语习得：一个复杂的非线性系统［J］. 山东外语教学，2011（5）：91-95.

② SPARKS R，GANSCHOW L. Foreign language learning differences：affective or native language aptitude differences［J］. Modern Language Journal，1991（1）：3-16.

③ GLEICK J. Chaos making a new science［M］. New York：New York Penguin Books，1987.

律、不可预测、充满任意性的发展时期。复杂系统的任意性让其发展不可预测,我们无法精确预测系统发展的结果。我们知道,滚落的石头可以导致"雪崩效应",但我们却无法预测是哪一块石头最终导致雪崩,二语习得亦是如此。我们常常无法说清楚是什么具体条件或者活动让我们"顿悟",突然理解了某部分的语言知识,领会了原本百思不得其解的语言学习问题。复杂系统理论打破了传统思维方式,对语言及二语习得的研究产生了极大的影响。我们过去过于重视分析二语习得的线性现象,然而大多数的语言习得现象是非线性的,正如气象学家无法准确预测天气一样,语言习得现象纷繁复杂,线性描写无法真实反映二语习得丰富多彩的动态发展过程。

（五）二语习得中的石化并非语言发展的终结状态

二语学习者的语言文化背景不同,他们的中介语系统就会有所区别。如法国、意大利等欧洲国家英语学习者与中国、印度等亚洲国家的英语学习者的中介语系统会有很大差别,各自的母语对英语学习的影响也大不一样。二语学习者的母语作为一个吸引因子影响着学习者中介语系统的发展,有时候母语的影响力可能会大于目标语的影响力。二语学习者的中介语系统是开放的,随着二语不断地输入,学习者的中介语系统不断重构自组织发展,不断地向目标语靠拢。相反,学习者若停止有效的输入,其语法系统就会关闭,停留在一个固定的吸引因子点上,中介语系统就会停滞不前,导致石化现象。

石化是中介语的显著特征,在二语习得过程中是不可避免的现象,二语学习者在不同的学习阶段和不同的语言层面都会出现石化。不同学习者自身的认知水平及所处环境等因素不同,中介语的石化便体现出较大的差异性①。在二语习得的早期阶段,由于习得者大脑中拥有两套或多套竞争语法系统,很多学习者倾向于使用母语语法规则来学习二语,常常会导致一些语言表达错误,并且可能发展成吸引因子的状态,很难摆脱。二语习得者的语言偏误无法用单一的原因来解释,因为偏误可能是在多重母语知识负迁移作用下产生的②。随着学习者的有效输入不断增加,二语水平不断提高,二语吸引因子的力量越来越大,而学习者对母语的依赖程度却不断减弱,这类语言迁移造成的错误会逐渐减少。Larsen-Freeman（2005：10）同意石化反映吸引因

---

① HAN Z. Fossilization: a classic concern of SLA research [A]. In Gass S, Mackey A. (eds.). The rutledge handbook of second language acquisition [C]. New York: Routledge, 2011: 476 – 490.

② 周琳. 母语词汇知识负迁移下的 CSL 学习者特异性词语混淆研究 [J]. 外语教学, 2015 (3): 66 – 69.

子状态的说法，但是她认为石化研究基本上没有给出能够让人完全信服的解释，也缺乏足够的描写①。二语习得中的石化是一种认知现象和社会现象，石化是中介语发展过程中的某个特殊形态，而非语言发展的终结状态。语言是一个动态系统，说话人话语表现出来的可变性和不确定性就是其典型的特征。在语言学习过程中还有很多无法预测也很难解释的语言变化，从复杂系统理论视角来看这些变化现象是语言发展具有无穷潜力的反映。

四、结论

人们从各种不同的视角或理论来研究二语习得，尽管很多研究看起来像"盲人摸象"，仅仅关注二语习得的某些方面，是对二语习得仅有的盲人触觉般的片面理解，但毋庸置疑这些不同的理论相互补充，相互促进，综合这些研究就能加深人们对二语习得整体的理解。"二语习得研究具有跨学科的特点，对二语习得研究的突破性进展则有赖于多学科的协同作战，同时要克服那种非此即彼的做法"②。从某种意义上来讲，复杂系统理论提倡二语习得整体观，否定了二分法与线性的因果论，将人们语言学习实践行为的各方面因素相互联系在一起，防止泛化，强调细节，为我们研究二语习得提供了一个新的视角，拓展了二语习得的研究视野。复杂系统理论方法让我们更清楚地认识二语习得现象，复杂系统具有不可预测性，但是我们不能过于强调语言习得的复杂性和浑沌随机性，要善于结合在语言发展过程中观察到的系统变异有限性来总结教学规律和解释二语习得及语言变化现象，这样才能更好地促进二语教学的发展。

---

① LARSEN-FREEMAN D. Second language acquisition and the issue of fossilization: there is no end and there is no state [A]. In Han Z, Odlin T. (eds.). Studies of fossilization in second language acquisition [C]. Clevedon: Multilingual Matters, 2005: 10.

② 戴炜栋. 关于二语习得研究学科建设的几个问题 [J]. 山东外语教学, 2008 (6): 3-5.

参考文献

著作

[1] 叶澜. 新基础教育：论关于当代中国学校变革的探究和认识［M］. 北京：教育科学出版社，2006：30.

[2] 中华人民共和国教育部. 义务教育英语课程标准（2011 年版）［S］. 北京：北京师范大学出版社，2012.

[3] 韩刚. 英语教师学科教学知识的建构［M］. 上海：上海外语教育出版社，2011.

[4] 周沛. 农村社会发展论［M］. 南京：南京大学出版社，1998.

[5] 胡森. 国际教育百科全书：第 5 卷［M］. 贵阳：贵州教育出版社，1990.

[6] 朱晓民. 语文教师教学知识发展研究［M］. 北京：教育科学出版社，2010.

[7] 范良火. 教师教学知识发展研究［M］. 2 版. 上海：华东师范大学出版社，2013.

[8] 朱晓燕. 中学英语新教师学科教学知识的发展［M］. 南京：南京师范大学出版社，2004.

[9] 袁振国. 当代教育学［M］. 北京：教育科学出版社，2004.

[10] 王笃勤. 英语教学策略论［M］. 北京：外语教学与研究出版社，2002.

[11] 鱼霞. 反思型教师的成长机制探新［M］. 北京：教育科学出版社，2007.

[12] 王佰铭. 教师实践智慧的积累与提升［M］. 西安：陕西师范大学出版社，2010.

[13] 赵金铭，齐沪扬，范开泰，等. 第二语言习得研究［M］. 北京：商务印刷馆，2009.

［14］程晓堂，郑敏．英语学习策略［M］．北京：外语教学与研究出版社，2002．

［15］朱纯．外语教学心理学［M］．上海：上海外语教育出版社，2004．

［16］陈琳，王蔷，程晓堂．全日制义务教育英语课程标准（实验稿）解读［M］．北京：北京师范大学出版社，2002．

［17］程晓堂．英语学习策略［M］．北京：外语教学与研究出版社，2003．

［18］胡春洞．英语教学法［M］．北京：高等教育出版社，1999．

［19］刘润清，戴曼纯．中国高校外语教学改革［M］．北京：外语教学与研究出版社，2004．

［20］束定芳，庄智象．现代外语教学——理论、实践与方法［M］．上海：上海外语教育出版社，1996．

［21］章振邦．新编英语语法教程［M］．上海：上海外语教育出版社，2000．

［22］佐斌．师生互动论——课堂师生互动的心理学研究［M］．武汉：华中师范大学出版社，2002．

［23］魏永红．任务型外语教学研究——认知心理学视角［M］．上海：华东师范大学出版社，2004．

［24］中华人民共和国教育部．全日制义务教育普通高级中学英语课程标准（实验稿）［S］．北京：北京师范大学出版社，2005．

［25］金娣，王钢．教育评价与测量［M］．北京：教育科学出版社，2007．

［26］束定芳．外语教学改革：问题与对策［M］．上海：上海外语教育出版社，2005．

［27］中华人民共和国教育部．普通高中英语课程标准（2017年版）［M］．北京：北京师范大学出版社，2018．

［28］曲端．学科教学难点分析与对策［M］．北京：光明日报出版社，2011．

［29］梁美珍，黄海丽，於晨，等．英语阅读教学中的问题设计：评判性阅读视角［M］．杭州：浙江大学出版社，2013．

［30］叶恩理，翁颖卿，汪润，等．英语阅读教学中的目标定位：综合视野视角［M］．杭州：浙江大学出版社，2015．

［31］爱德华·萨丕尔．语言论——言语研究导论［M］．陆卓元，译．北京：商务印书馆，1986．

期刊、报纸论文

[1] 程方平. 教师保障：乡村教育振兴的基石［J］. 教育研究，2018（7）：84-86.

[2] 段冰，施春阳. 新教师成长研究综述［J］. 天津师范大学学报（基础教育版），2007（4）：13-16，64.

[3] 谌启标. 美国新任教师的入门指导计划［J］. 外国中小学教育，2006（1）：43-45，42.

[4] 唐泽静，陈旭远. 学科教学知识视域中的教师专业发展［J］. 东北师大学报（哲学社会科学版），2010（5）：172-177.

[5] 梁永平. 职前教师学科教学知识发展的理论与实践路径［J］. 课程·教材·教法，2013，33（1）：106-112.

[6] 赵晓光. 教师如何生成学科教学知识［N］. 中国教育报，2018-06-28（007）.

[7] 钱海锋，姜涛. 职前教师学科教学知识发展：一种系统的视角［J］. 教育评论，2016（6）：122-126.

[8] 刘清华. 学科教学知识的发展之源［J］. 天中学刊，2005（01）：131-133.

[9] 魏倩倩. 职前英语教师 PCK 现状与发展对策研究［J］. 语文学刊（外语教育教学），2015（10）：93-94，144.

[10] 黄启发. 职前英语教师 PCK 建构效能：影响因子及应对策略［J］. 梧州学院学报，2015，25（5）：97-102.

[11] 南华，徐学福. 从实然走向应然：新手外语教师学科教学知识建构［J］. 黑龙江高教研究，2014（3）：63-65.

[12] 李广平. 建构主义理论对教师教育的启示［J］. 外国教育研究，2004（5）：33-36.

[13] LANTOLF J P，秦丽莉. 社会文化理论——哲学根源、学科属性、研究范式与方法［J］. 外语与外语教学，2018（1）：1-18，146.

[14] 宋金鸿. 论维果茨基的社会文化理论及其教学应用［J］. 通化师范学院学报，2013，34（9）：136-139.

[15] 高艳. 从社会文化理论的角度论语言教师的中介作用［J］. 外语教学理论与实践，2008（3）：93-96，87.

[16] 王威. 社会文化理论及其应用研究［J］. 赤峰学院学报（汉文哲学社会科学版），2018，39（8）：155-158.

[17] 李允，徐锦芬. 社会文化理论视角下的外语教师专业发展 [J]. 中国成人教育，2015（23）：127-129.

[18] 姜孟. 从社会文化理论透视二语习得 [J]. 英语研究，2012，10（3）：53-58.

[19] 白益民. 学科教学知识初探 [J]. 现代教育论丛，2000（4）：27-30.

[20] 刘捷. 建构与整合：论教师专业化的知识基础 [J]. 课程·教材·教法，2003（4）：60-64.

[21] 杨彩霞. 教师学科教学知识：本质、特征与结构 [J]. 教育科学，2006（1）：60-63.

[22] 李斌辉. 中小学教师PCK发展策略 [J]. 教育发展研究，2011，31（6）：47-52.

[23] 王玉萍. 论外语教师PCK发展路径 [J]. 外语界，2013（2）：69-75.

[24] 周燕，曹荣平，王文峰. 在教学和互动中成长：外语教师发展条件与过程研究 [J]. 外语研究，2008（3）：5-55.

[25] 周利君. APAR教师专业发展模式本土化中观应用于思考 [J]. 中小学外语教学，2017（8）：18-23.

[26] 石艳. 教师知识共享过程中的信任与社会互动 [J]. 教育研究，2016，37（8）：107-116.

[27] 王凯. 留城培育：应对农村新任教师专业发展校本资源匮乏 [J]. 教育研究与实验，2013（1）：63-66.

[28] 石连海，田晓苗. 我国乡村教师队伍建设政策的发展与创新 [J]. 教育研究，2018（9）：149-153.

[29] 骆凤娟. 中学英语语法教学的新途径——交互式教学 [J]. 山东师范大学外国语学院学报（基础英语教育），2006（6）：28-32.

[30] 莫海文. 交互式教学模式下中学英语教师的多重角色 [J]. 继续教育研究，2009（6）：80-82.

[31] 刘洋. 论交互式外语教学中教师的角色 [J]. 西安外国语学院学报，2005（2）：51-54.

[32] 吕筠，董晓. 英语语法教学与语法能力的建构 [J]. 烟台师范学院学报（哲学社会版），2004（3）：79-82.

[33] 周文筑. 对中学英语语法教学的再认识 [J]. 中小学教材教学，2006（2）：53-56.

[34] 王捷. 以评促学——英语教学中的形成性反馈应用研究 [J]. 当

代外语研究，2015（5）：35-40+76-77.

[35] 唐玉婷. 核心素养视域下的高中英语试卷讲评课 [J]. 中小学英语教学与研究，2017（7）66-69.

[36] 胡健. 档案袋在学生自主学习能力培养中的应用 [J]. 山西师范大学学报（自然科学版）2014，28（S2）：115-116.

[37] 张玉枝. 关于构建动态生成语文课堂的几点思考 [J]. 成才，2004（4）：25-26.

[38] 葛炳芳. 高中英语阅读教学改进策略的思考 [J]. 课程·教材·教法，2012（1）：8-16.

[39] 江敏. 如何有效开展评判性阅读教学——一次慕课带来的启示 [J]. 中小学外语教学（中学篇）2015（8）：59-64.

[40] 骆凤娟. 交互式教学在初中英语阅读教学中的运用 [J]. 山东师范大学外国语学院学报（基础英语教育），2011（2）：78-82.

[41] 骆凤娟. 复杂理论下二语习得复杂性研究及其教学启示 [J]. 中小学英语教学与研究，2017（7）：16-19.

[42] 程晓堂. 英语课堂上究竟应该做什么？[J]. 山东外语教学，2016，37（1）：61-67.

[43] 戴运财，杨连瑞. 二语习得的一体化模式及其动态性研究 [J]. 外语教学，2013，34（6）：49-53.

[44] 骆凤娟，莫海文. 二语习得复杂性研究：复杂系统理论视角 [J]. 广西民族大学学报（哲学社会科学版），2017，39（1）：160-163.

[45] 莫海文. 二语习得：一个复杂的非线性系统 [J]. 山东外语教学，2011（5）：91-95.

[46] 王兰兰，苗兴伟. 混沌/复杂系统理论在大学英语教学中的实际应用路径探析 [J]. 外语教学，2013，34（6）：43-48.

[47] 王蔷. 促进英语教学方式转变的三个关键词："情景""问题"与"活动"[J]，基础教育课程，2016（31）.

[48] 戴炜栋. 关于二语习得研究学科建设的几个问题 [J]. 山东外语教学，2008（6）：3-5.

[49] 于善志，林立红，苏佳佳. 二语习得中多选现象的句法解释 [J]. 外语教学，2011（1）：46-50.

[50] 张公瑾. 浑沌学与语言研究 [J]. 语言教学与研究，1997（3）：61-65.

[51] 周琳. 母语词汇知识负迁移下的 CSL 学习者特异性词语混淆研究 [J]. 外语教学，2015（3）：66-69.

学位论文

[1] 许婕. 地理职前教师 PCK 的提升途径研究 [D]. 福州：福建师范大学，2014.

[2] 李艳. 初中初任英语教师学科教学知识的个案研究 [D]. 重庆：西南大学，2016.

[3] 刘彩艳. 初中新手英语教师 PCK 现状及发展研究 [D]. 银川：宁夏大学，2016.

[4] 姜艳丽. 高中英语教师 PCK 影响因素的个案研究 [D]. 重庆：西南大学，2013.

[5] 王思蓉. 初中英语教师学科教学知识（PCK）的现状调查及策略研究 [D]. 西安：西安外国语大学，2014.

[6] 张辰妹. 农村初中化学教师 PCK 现状与发展策略研究 [D]. 石家庄：河北师范大学，2014.

[7] 鲍银霞. 广东省小学数学教师 MPCK 的调查与分析 [D]. 上海：华东师范大学，2016.

[8] 龙海鸥. 初中英语教师 PCK 转化的研究 [D]. 重庆：重庆师范大学，2013.

[9] 李昱. 小学英语教师 PCK 生成机制研究 [D]. 西安：陕西师范大学，2015.

[10] 蒋颖怡. 高中英语新手教师和专家型教师 PCK 比较的个案研究 [D]. 南京：南京师范大学，2017.

外文文献

[1] SHULMAN L S. Knowledge and teaching：foundations of the new reform [J]. Harvard Educational Review，1987，57（1）：1-22.

[2] CROSSMAN P L. A study in contrast：sources of pedagogical content knowledge for secondary english teachers [J]. Journal Teacher Education，1988，40（5）：24-31.

[3] JONES M G，VESILIND E M. Putting practice into theory：changes in the organization of preservice teachers' pedagogical knowledge [J]. American Educational Research Journal，1996，33（1）：91-117.

[4] VAN DRIEL J H，DE JONG，VERLOOP N. The development of pre-

service chemistry teachers' pedagogical content knowledge [J]. Science Education, 2002, 86 (4): 572 - 590.

[5] BEYER C J, DAVIS E A. Learning to critique and adapt science curriculum materials: examing the development of preservice elementary teachers' pedagogical content knowledge [J]. Science Education, 2012, 96 (1): 130 - 157.

[6] FEIMAN-NEMSER S, PARKER M B. Making subject matter part of the conversation in learning to teaching [J]. Journal of teacher education, 1990, 41 (3): 32 - 43.

[7] HENZE I J, VAN DRIEL, VERLOOP N. Development of experienced science teachers' pedagogical content knowledge of models of the solar system and the universe [J]. International journal of science education, 2008, 30 (10): 1321 - 1342.

[8] FALK A. Teachers learning from professional development in elementary science: Reciprocal relations between formative assessment and pedagogical content knowledge [J]. Science Education, 2012, 96 (2): 265 - 290.

[9] SHULMAN L S. Those who understand: knowledge growth in teaching [J]. Educational Reseacher, 1986, 15 (1), 4 - 14.

[10] CROSSMAN P L. The making of a teacher: teacher knowledge and teacher education [M]. New York: Teachers College Press, 1990.

[11] GEDDIS A N. Transforming subject matter knowledge: the role of pedagogical content knowledge in learning to reflect on teaching [J]. International journal of science education, 1993, 15 (6): 673 - 683.

[12] MAGNUSSON S, KRAJCIK J, BORKO H. Nature, sources and development of pedagogical content knowledge for science teaching [M]. Norwell, MA: Kluwer Academic Publishers, 1999.

[13] AN S H, GERALD KULM, WU Z H. The pedagogical content knowledge of middle school, mathematics teacher in China and U. S. A. [J]. Journal of mathematics teacher education, 2004, 7 (2): 145 - 172.

[14] COCHRAN K F, DERUITER J A, King R A. Pedagogical content knowing: an integrative model for teacher education [J]. Journal of teacher education, 1993, 31 (4), 268.

[15] HASHWEH M Z. Teacher pedagogical constructions [J]. Teachers and teaching: theory and practice, 2005, 11 (3): 273 - 292.

[16] TSUI A B M, NICHILOSON S. Hypermedia database and ESL teacher knowledge enrichment [J]. Journal of information technology for teacher educa-

tion, 1999, 8 (2): 215-237.

[17] ANDREWS S. J. Teacher language awareness and the professional knowledge base of the L2 teacher [J]. Language Awareness, 2003, 12 (2): 81-95.

[18] BROWN H D. Teaching by principles: an interactive approach to language pedagogy [M]. 北京: 外语教学与研究出版社, 2003.

[19] UR P. A course in language teaching and research [M]. 北京: 外语教学与研究出版社, 2000.

[20] CRAWLEY S J, MOUNTAIN L. H. Strategies for guiding content reading [M]. Boston: Allyn and Bacon, 1995.

[21] LARSEN-FREEMAN D. Chaos complexity science and second language acquisition [J]. Applied Linguistics, 1997 (2): 141-165.

[22] LARSEN-FREEMAN D. The emergence of complexity, fluency, and accuracy in the oral and written production of five chinese learners of English [J]. Applied Linguistics, 2006 (27): 590-619.

[23] LARSEN-FREEMAN D. Complex, dynamic systems: a new transdisciplinary theme for applied linguistics [J]. Language Teaching, 2012 (45): 202-214.

[24] LARSEN-FREEMAN D, CAMERON L. Complex systems and applied linguistics [M]. Oxford: Oxford University Press, 2008.

[25] LIGHTFOOT D. The development of language: acquisition, changes and evolution [M]. Malden: Blackwell Publishing, 1999.

[26] VAN LIER L. The ecology and semiotics of language learning [M]. Boston: Kluwer Academic Publishers, 2004.

[27] BANDURA A. Social foundations of thought and action: a social cognitive theory [M]. NJ: Prentice's Hall, 1986.

[28] BROWN R. A first language: he early stages [M]. Cambridge: Harvard University Press, 1973.

[29] CORDER S P. The significance of learners' errors [J]. International review of applied linguistics, 1967 (5): 161-169.

[30] DANES P. The cosmic blueprint [M]. New York: Simon and Schuster, 1988.

[31] ELLIS R. The study of second language acquisition [M]. 上海: 上海外语教育出版社, 2004.

[32] GLEICK J. Chaos Making a new science [M]. New York: New York

Penguin Books, 1987.

[33] HAN Z. Fossilization: a classic concern of SLA research [A]. In Gass S., Mackey A. (eds.). The rutledge handbook of second language acquisition [C]. New York: Routledge, 2011: 476 – 490.

[34] KRAMSCH C. From communicative competence to symbolic competence [J]. The Modern Language Journal, 2006 (2): 249 – 252.

[35] KRAMSCH C, WHITESIDE A. Language ecology in multilingual settings. Towards a theory of symbolic competence [J]. Applied Linguistics, 2008, 29 (4): 645 – 671.

[36] LANTOLF J, THORNE S. Sociocultural theory and second language learning [A]. In VanPatten B, Williams J. (eds.). Theories in second language acquisition: an introduction [C]. Mahwah, NJ: Erlbaum, 2007: 197 – 221.

[37] LARSEN-FREEMAN D. Chaos complexity science and second language acquisition [J]. Applied Linguistics, 1997 (2), 141 – 165.

[38] LARSEN-FREEMAN D. Complex systems and applied linguistics [M]. Oxford: Oxford University Press, 2008.

[39] LARSEN-FREEMAN D. Pedagogical descriptions of language grammar [J]. Annual review of applied linguistics, 1989 (10): 187 – 95.

[40] LARSEN-FREEMAN D. Second language acquisition and the issue of fossilization: there is no end and there is no state [A]. In Han Z, Odlin T. (eds.). Studies of fossilization in second language acquisition [C]. Clevedon: Multilingual Matters, 2005: 10.

[41] MEARA P. Towards a new approach to modeling vocabulary acquisition [A]. In Schmitt N, McCarthy M. (eds.). Vocabulary: description, acquisition and pedagogy [C]. Cambridge: Cambridge University, 1997: 115.

[42] NUMAN D. Second language acquisition [A]. In Carter R, Nunan D. (eds.). The cambridge guide to teaching English to speakers of other language [C]. Cambridge: Cambridge University Press, 2001: 91.

[43] PAIVA V. Second language acquisition as a chaotic complex system [J]. World congress of applied linguistics, 2008 (15): 1 – 19.

[44] SCHUMANN J. The relationship of pidiginization, creolization, and decreolization in second language acquisition [J]. Language Learning, 1978 (2): 367 – 379.

[45] SELINKER L. Interlanguage [J]. International review of applied linguistics, 1972 (10): 209 – 231.

[46] SPARKS R, GANSCHOW L. Foreign language learning differences: affective or native language aptitude differences [J]. Modern Language Journal, 1991 (1): 3-16.

[47] THELEN E, SMITH B. A Dynamic systems approach to the development of cognition and action [J]. Cambridge, MA: The MIT Press, 1994.

[48] VAN GEERT P. A dynamic systems model of cognitive and language growth [J]. Psychological Review, 1991 (8): 3-53.

[49] VAN GEERT P. Vygotskian dynamics of development [J]. Human Development, 1994 (37): 346-365.

电子文献

[1] 邬志辉. 中国农村教育发展报告2017发布 [EB/OL]. [2017-12-23]. http://www.jyb.cn/zcg/xwy/wzxw/201712/t20171223_ 900288.html.

[2] 中华人民共和国教育部. 教育部关于全面深化课程改革落实立德树人根本任务的意见 [EB/OL]. (2014-03-30) [2014-04-08]. http://www.moe.gov.cn/srcsite/A26/jcj_ kcjcgh/201404/ t20140408_ 167226.html.